ビジョナリーカンパニー【特別編】

GOOD TO GREAT
AND THE SOCIAL SECTORS
A Monograph to Accompany *Good to Great*

ジム・コリンズ
山岡洋一［訳］

日経BP社

GOOD TO GREAT AND THE SOCIAL SECTORS:
A Monograph to Accompany *Good to Great*

by Jim Collins

Japanese Translation Rights arranged with
Curtis Brown Ltd in New York
through The Asano Agency, Inc. in Tokyo

ビジョナリー　カンパニー［特別編］

本書は『ビジョナリー　カンパニー2　飛躍の法則』の付属論文です。

前書き

一九八八年、スタンフォード大学の講師になった年に、わたしはジョン・ウィリアム・ガードナー名誉教授に、どうすれば優れた教師になれるのか、助言を求めた。元保健教育福祉長官で、市民団体のコモン・コーズの設立者、名著『自己革新』の著者であるガードナーの一言に、わたしはその後の人生が変わるほどの衝撃を受けた。

「興味をもってもらえるようにするために時間を使いすぎているんじゃないか。興味をもったことにもっと時間を使えばいいのに」

この小論が、読者の全員に興味をもってもらえるのかどうかは分からない。だが、わたしが社会セクターに強い興味をもつようになった結果であるのは確かだ。興味をもつようになった理由は二つある。第一に、『ビジョナリー カンパニー2—飛躍の法則』が社会セクターでおどろくほど読まれたからである。わたしは経営書の著者だとされているが、読者の三分の一以上は企業セクター以外の人たちである。第二に、知らなかった世界について学び、この場合なら社会セクターのリーダーが直面している課題について学び、企業経営とは大きく違う世界にわれわれの研究結果を適用したときにでてくる問題を考えていくのは、ほんとうに楽しいからである。

当初はこの小論を、『ビジョナリー カンパニー2』の改訂版で新しい章にしようと考えていた。だが、この部分を読むだけのために、読者に同書をもう一冊買うよう求めるのは不適切だと思うようになり、単独の小論として出版することにした。とはいえ、この小論は単独のものとして読むこともできるが、『ビジョナリー カンパニー2』とともに読まれるものとして執筆しており、そのように読んでいただければと願っている。

わたしは社会セクターについて、専門家といえるほどではなく、ジョン・ガードナーの教えにしたがって、興味をもって学ぶ学生にすぎない。だが、わたしは熱心な学生である。企業セクターが偉大になるようにするだけでは不十分なのだと、わたしは考えるようになっている。偉大な企業があるだけでは、繁栄する社会を実現できるとしても、偉大な社会にはならない。経済の成長と力は、偉大な国を作るための手段にすぎず、それだけで国が偉大になるわけではない。

ジム・コリンズ
コロラド州ボールダーにて

二〇〇五年七月二十四日

GOOD TO GREAT AND THE SOCIAL SECTORS

Why Business Thinking is Not the Answer

偉大な組織への飛躍の法則と社会セクター

企業経営の手法を取り入れても答えにならない理由

社会セクターで偉大な組織への飛躍を実現するには、もっと企業に近づけるのが早道だという見方がある。これは、意図は正しいがまったく間違った見方であり、拒否しなければならない。企業のほとんどは、世の中のほとんどのものがそうであるように、凡庸と良好の間のどこかに位置している。偉大な企業はほとんどない。偉大な企業と良好な企業を比較していくと、幅広く使われている経営手法の多くが偉大な企業ではなく、凡庸な企業の特徴になっていることが分かる。だったら、凡庸な企業の慣行を社会セクターに取り入れるべきだと考える必要があるのだろうか。

あるとき、企業経営者の集まりでこう話したところ、ほとんど全員に反対された。とくに強く反対したのが、デビッド・ウィークリーだった。とりわけ思慮深い経営者のひとりであり、自社を優良企業に育て上げ、いまでは時間の半分近くを社会セクターでの活動にあてている。「その主張を裏付ける証拠があれば、みせてほしい。非営利団体で活動していると、規律が欠けていることを痛感する。規律ある計画、規律ある人材、規律ある統治、規律ある資源配分が是非とも必要だ」

わたしはこう答えた。「それが企業経営の概念だと考えるのはなぜなのか。企業のほとんども規律を高める必要に迫られている。凡庸な企業がしっかりした規律の文化をもっていることはめったにない。規律ある人材が規律ある考えによって規律ある行動をとる文化が欠けている。そういう文化があるのは、ほんとうに偉大な企業だ。規律の文化は企業経営の原則ではない。偉大な組織の原則だ」

会議が終わって夕食になっても、議論が続いた。わたしはウィークリーにこう質問した。「人生の道筋が違っていて、企業経営者ではなく、たとえば宗教指導者や大学の学長、非営利団体の指導者、病院の理事長になっていたとすると、規律に欠ける方法をとっていたとお考えだろうか。洗練されたリーダーシップを実践せず、適切な人をバスに乗せることにそれほどのエネルギーを使わず、結果を強く求めることもなかったのだろうか」。ウィークリーは考えこんだ。そして、こう答えた。「そうはしていないだろう」

このとき、わたしは新しい言葉が必要なのだと思いいたった。決定的な違いは企業セクターと社会セクターの間にあるのではない。偉大な組織と良好な組織の間にあるのだ。社会セクターに「企業の言葉」を押しつける単純な方法を拒否し、企業セクターも社会セクターも偉大な組織の言葉を取り入れるべきなのだ。

『ビジョナリー カンパニー2——飛躍の法則』の要点は、偉大さをもたらす枠組みを構築し、偉大な組織に飛躍した企業がある一方、飛躍できない企業が多い理由を説明できる法則、それも時代を超えた法則をあきらかにしたことである。この法則は厳密な対比較研究法によって導き出したものであり、偉大な業績をあげるようになった企業と、そうならなかった企業とを比較した結果である。この研究は基本的に企業経営をテーマにしているわけではなく、偉大な組織と良好といえるにすぎない組織の違いをもたらすものをテーマにしている。

社会セクターの指導者はこの違いを、おどろくほど簡単に理解してきた。つまり、企業経営の一般的な手法ではなく、偉大な組織への飛躍をもたらす原則が論じられていることを理解したのである。社会セクターでも企業セクターでも、読者のうち著者のわたしに電子メールを送ってくれる人の比率が変わらないのであれば、『ビジョナリー カンパニー2―飛躍の法則』の読者のうち三十パーセントから五十パーセントは企業セクター以外の人たちだといえる。何千、何万もの電話や手紙、電子メール、招待を、教育や医療、宗教、芸術、福祉、非営利団体、警察、政府機関の関係者から、軍の関係者からすら受け取っている。

そこから二つの点が浮かび上がってきた。第一に、同書で示した飛躍の法則は社会セクターに確かに適用でき、しかも予想していた以上にうまく適用できることである。第二に、社会セクターの指導者からの質問には共通する点がいくつかあり、いずれも、企業セクターとは直面している現実に大きな違いがあるという実感に起因している。これらの質問を以下の五つの問題にまとめ、この小論の枠組みとする。

図表 *1* ● 良好な組織から偉大な組織への飛躍に関する対比較研究の方法

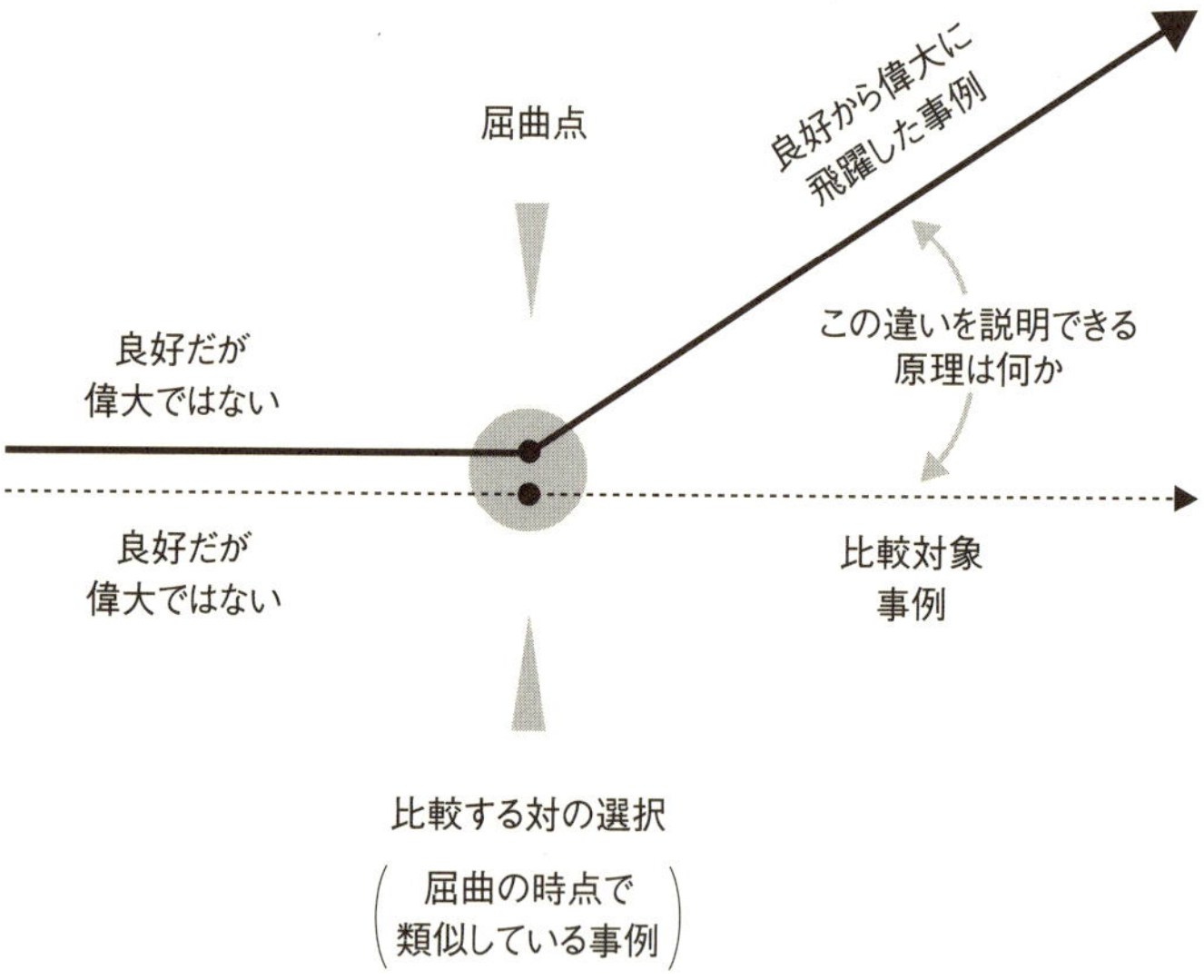

一　「偉大さ」の定義——経営指標が使えないなかで、偉大さを判断する
二　第五水準のリーダーシップ——分散型組織構造で成功を収める
三　最初に人を選ぶ——社会セクターの制約のなかで適切な人をバスに乗せる
四　針鼠《ハリネズミ》の概念——利益動機のないなかで、経済的原動力を見直す
五　弾み車を回す——ブランドを構築して勢いをつける

この小論は、社会セクターの百人を超える指導者から、『ビジョナリー　カンパニー2——飛躍の法則』への批評、組織的なインタビュー、実験という形で協力を得て執筆したものである。いずれ、社会セクターの組織を対象とする対比較研究を完成したいと希望しているが、そのような研究は適切に行えば、最長十年の期間が必要になる。だがわたしは、偉大な組織への飛躍の原則をいま、適用しようと努力している人たちの質問に答える責任を感じている。そこで、本格的な研究の結果がでてくるまでの小さな一歩として、この小論を執筆することにした。

第一節

「偉大さ」の定義

経営指標が使えないなかで、偉大さを判断する

一九九五年、ニューヨーク市警察（NYPD）の掲示板に匿名のメモが貼られていた。「われわれは通報受け付け係ではない。警察官なのだ」(1)。このメモは、当時のウィリアム・J・ブラットン本部長がインプットからアウトプットに管理の焦点を変更したとき、警察官の心理がどのように変化したかを示している。ブラットンが本部長に就任するまで、NYPDは業務の評価にあたって、主に逮捕者数、通報件数、検挙率、予算達成率などのインプット指標を使い、犯罪率の低下などのアウトプット指標を軽視していた。ブラットンは重大犯罪件数を毎年十パーセント以上減らすことなど、アウトプットの面で大胆な目標を掲げ、そのための手段として、COMPSAT（コンピューター比較統計）と呼ぶ仕組みを導入した。

一九九六年のタイム誌の記事に、指令本部の演壇で警察署長が苦しんでいる様子が描かれている。背後には地図があり、いくつもの赤い点によって、警察署管内で強盗事件が大幅に増加したことが示されている。ハーバード・ロー・スクールを舞台にした映画『ペーパー・チェイス』のキングフィールド教授の授業を思い出させるソクラテス・メソッドで、厳しい質問が容赦なく浴びせられている。「どのようなパターンがあるのか」「摘発するために何をするのか」(2)。CIOインサイト誌によれば、警察署長のうち七十五パーセントが管内の犯罪を減らすことができず、更迭されている。ブラットンはこう説明する。「毎週のCOMPSTAT会議で、何週間も続けて目標を達成できていない署長がいれば、代わりの人材を探すしかなくなる」(3)

インプットとアウトプットの区別は基本的な点だが、見逃されていることが多い。最近読んだビジネス誌に、慈善基金のランキングが発表されていた。ランク付けにはいくつかの指標が使われていたが、そのひとつは、予算のうち幹部の人件費や寄付金集めの経費などの間接費の比率であった。これを指標にする気持ちは分かるが、インプットとアウトプットの区別ができていない点で、まったく混乱した見方である。こう考えてみるといい。大学の体育部の予算に占めるコーチ給与の比率を調べていくと、スタンフォード大学はこの比率が主要大学のなかでかなり高いことが分かる。この結果に基づいて、スタンフォード大学は「偉大な体育部」のランキングで順位が低いとするべきなのだろうか。このビジネス誌の記事の論理にしたがえば、そういう結論になるだろう。だが、これは何とも馬鹿げた結論である。スタンフォード大学は体育部全体の成績に基づく全米大学体育部長協会カップを十年連続で受賞し、主要な大学のなかで圧倒的な成績を収めており、しかも、選手の卒業率が八十パーセントを上回っている(4)。「スタンフォード大学体育部は他の大学とくらべてコーチの給与水準が高いので、偉大な体育部だとはいえない」というのは、肝心要の点、つまりスタンフォード大学が競技の成績と学業の成績というアウトプットで抜群の実績をあげている点を見失った見方である。

インプットとアウトプットの混同は、企業セクターと社会セクターの基本的な違いのひとつに起因している。企業セクターでは、金銭はインプット（偉大な実績を達成するための資源）であるとともに、アウトプット（偉大さをはかる指標）でもある。社会セクターでは、金銭はイン

プットであるだけで、偉大さをはかる指標にはならない。

偉大な組織とは、優れた実績をあげるとともに、長期にわたって際立った影響を社会に与える組織である。企業の場合、財務実績や株式運用成績が偉大さをはかる指標として完全に適切である。だが社会セクターの組織の場合、財務実績によってではなく、組織の使命に照らして実績を評価しなければならない。社会セクターの場合には、「投資した資本に対してどれだけの利益が得られたか」ではなく、「使った資源に対してどれほど効率的に使命を達成し、社会に際立った影響を与えたか」が決定的に重要である。

だが、こういう意見もあるはずだ。「大学の体育部や警察にはきわめて有利な点がある。競技成績や犯罪率で実績を数量的にはかることができるからだ。アウトプットがそもそも数量化できないものの場合には、どうすればいいのか」。その場合でも、基本的な考えは変わらない。インプットとアウトプットを区別し、アウトプットの動向に対して責任を負う。アウトプットが数量であらわせないものであっても、この点に変わりはない。

トム・モリスが一九八七年にクリーブランド管弦楽団の事務局長になったとき、楽団は赤字が収入の十パーセントを超え、基金は少ないうえに低迷し、地域経済は不況に苦しんでいた。モリスは就任前に二人の有力理事に、「このポストを引き受けた場合、何を期待されているのか」と質問した。答えはこうだ。芸術性の高さの点で偉大な管弦楽団をさらに偉大にすることを期待している。

トム・モリスは芸術性を正確に計測することはできないが、それでも芸術性の高さがクリーブランド管弦楽団の実績を判断する主な基準であることに変わりはない。また、クラシックの難曲中の難曲を演奏するにあたって芸術性の高さを発揮し、毎年、演奏技術と芸術性をさらに高めていくことに責任を負い、世界の三大オーケストラのひとつだと認められるようになるＢＨＡＧ（組織の命運を賭けた大胆な目標）を目指す規律ある姿勢も変わらない。

「単純な問いについて考えた。偉大な結果とは何を意味するのかという問いだ」とモリスは説明する。モリスらは実績を示すさまざまな点の推移を調べて、成果

図表 2 ● クリーブランド管弦楽団の偉大さ

演奏の素晴らしさ	●聴衆の反応。スタンディング・オベーションの回数が増加。 ●演奏技術の幅広さ。耳慣れた名曲から難しく馴染みのない現代曲まで、どのような曲でも見事に演奏できる。 ●チケット需要の増加。難曲で構成される意欲的なプログラムであっても、そして、クリーブランド公演ではもちろん、ニューヨーク市公演やヨーロッパ公演でも需要が増加。 ● 25 年ぶりにザルツブルグ音楽祭に招待され、その後も繰り返し招待されて、ヨーロッパの著名オーケストラに匹敵する超一流の地位を獲得。
際立った影響	●クリーブランド流のプログラミングが他のオーケストラに取り入れられるようになり、影響力が高まる。 ●市民の誇りの中心に。タクシー運転手が「われらがオーケストラは市民の誇りだ」と胸をはる。 ●セベランス・ホールが 9・11 の 2 日後に満員になり、市民が悲しみをともにし、偉大な音楽を聞いて心を洗われた。 ●管弦楽団の指導者がリーダーシップの役割と観点について、実業界の一流の団体や会議での講演を依頼されるケースが増加。
偉大さの永続	●ジョージ・セルから、ピエール・ブーレーズ、クリストフ・フォン・ドホナーニ、フランツ・ウェルザー一メストと、何代にもわたる音楽監督のもとで、演奏の素晴らしさを維持。 ●支援者が時間と資金を寄付し、管弦楽団の長期的な成功に貢献。基金が 3 倍に。 ●トム・モリスの就任前、在任中、引退後を通じて、強力な組織を維持。

をたえず確認した。スタンディング・オベーションは増えているだろうか。透明な音色の古典の名曲から複雑な現代曲まで、完璧に演奏できる曲の範囲が広がっているだろうか。ヨーロッパでとくに権威ある音楽祭に招かれているだろうか。クリーブランドでの公演だけでなく、ニューヨーク市公演でも、チケットの需要が増えているだろうか。クリーブランド流のプログラミングが他のオーケストラに取り入れられているだろうか。クリーブランド管弦楽団での初演を希望する作曲家が増えているだろうか。トム・モリスのもとで、同管弦楽団は基金の総額が以前の三倍の一億二千万ドルになり（ＩＴバブル後の株価下落で、資産の評価額が低下したなかでもそうなり）、本拠地セベランス・ホールを改装し、世界有数の音楽ホールにした。モリスがこれらを達成できたのは、基金、収入、コスト構造がインプットの指標であって、偉大さを示すアウトプットの指標ではないことを理解していたからだ(5)。

明確で厳格な思考法こそ、トム・モリスがクリーブランド管弦楽団に、ブラットンがニューヨーク市警察に持ち込んだものである。インプットとアウトプットを区別し、それぞれの組織でアウトプットに責任をもつ規律を確立した。ブラットンには数量的な指標があり、モリスにはそれがなかったが、この点はほとんど意味をもたない。

実績を数量的にはかることができるかどうかは、実際のところ重要な問題ではない。重要なのは、成果を確認するために、量的な事実や質的な事実をしっかりと集めていくことである。集まる事実が主に質的なものであれば、法廷弁護士が証拠を検討するときのように考える。集まる事実が主に量的なものであれば、研究所の科学者がデータを集め、分析するときのように考える。

「社会セクターでは企業セクターと違って、実績を数量的にはかることはできない」と愚痴をこぼすのは、規律のなさを示すものである。質的な指標でも量的な指標でも、すべての指標には欠陥がある。試験の点数には欠陥がある。乳房X線写真には欠陥がある。顧客サービス・データには欠陥がある。治療結果を示す予後評価データには欠陥がある。重要なのは完璧な指標を探すことではない。アウトプットの動向を評価するために一貫した賢明な方法を確立し、実績がどのような軌道を描いているのかを確実に確認していくことである。偉大な実績とは何を意味しているのか。それを判断する基準を確認しているだろうか。実績は向上しているだろうか。向上していないのであれば、なぜなのか。大胆な目標に向けた向上のペースをさらに速めるために何をするのか。

偉大な実績への飛躍の枠組みは、その全体を、偉大なアウトプットの達成に強く相関するインプット要因の一般的な組み合わせだと考えることもできる（次ページの表「偉大な組織への飛躍の枠組み――偉大さのインプットとアウトプット」にこの見方をまとめてあり、偉大な組織への飛躍の枠組みをしっかりと適用したときに、偉大な組織を特徴づけるアウトプットが得られることを示した）。良好な組織から偉大な組織に飛躍するには、これらのインプット要因を厳守し、アウトプット指標の軌跡を確実に確認して、実績と社会への影響をさらに高い水準に

図表3 ● 偉大な組織への飛躍の枠組み—偉大さのインプットとアウトプット

偉大さをもたらすインプット **飛躍の枠組みを適用**	**基礎を構築**	偉大さを示すアウトプット **偉大な組織を築く**
第一段階 **規律ある人材** 一第五水準のリーダーシップ 一最初の人を選び、その後に目標を選ぶ		**優れた実績をあげる** 実績は、企業セクターでは財務実績や株式運用成績、企業目的の達成ではかられる。社会セクターでは社会的な使命の達成とその効率性ではかられる。
第二段階 **規律ある考え** 一厳しい現実を直視する 一針鼠の概念		**際立った影響を社会に与える** 組織が掛け替えのない形で社会に貢献し、非の打ち所のない活動をするので、その組織が消滅したとすれば、他の組織ではその穴を簡単には埋められない。
第三段階 **規律ある行動** 一規律の文化 一弾み車		**偉大な実績の永続を達成する** ひとりのリーダー、ひとつの偉大なアイデア、ひとつの景気サイクル、ひとつの助成対象事業を超え、長期にわたって優れた実績を維持できる。困難にぶつかることがあっても、それをはねかえしてさらに強くなれる。
第四段階 **偉大な実績の永続する組織** 一時を告げるのではなく、時計をつくる 一基本理念を維持し、変化を促す		

引き上げていく必要がある。どれほど優れた実績を達成しても、達成可能な理想と比較すれば、良好だといえるにすぎない。偉大さとはそもそも理想を目指す過程なのであって、到着点ではない。偉大な組織になったと考えた瞬間に、凡庸な組織への転落がすでにはじまっている。

第二節

第五水準のリーダーシップ

——分散型組織構造で成功を収める

フランシス・ヘッセルバインがガールスカウト・アメリカ連盟の事務局長（CEO）に就任したとき、ニューヨーク・タイムズ紙のコラムニストが、これほど大きな組織の頂点に立ってどう感じているかと質問した。ヘッセルバインは重要な教訓を伝える前にしばし沈黙する教師のように忍耐強く、ランチのテーブルにある皿やカップなどを同心円の形に並べ替え、ナイフやフォーク、スプーンでつないでいった。その中央に置いたグラスを指さして、「わたしの位置はここです」といった(6)。メッセージはあきらかだ。肩書は事務局長（CEO）だが、何の頂点にも立っていないというわけだ。

ガールスカウトの組織は複雑だ。何百もの支部があり、それぞれに理事会があり、六十五万人のボランティアが活動しているので、事務局長が完全な決定権をもっているわけではない。それでもヘッセルバインの指導によって、十代の妊娠や飲酒などの問題について資料を作成し、いまのアメリカで少女がぶつかっている厳しい現実に取り組むようになった。数学、技術、コンピューター科学などの学習を対象とするバッジ（目標を達成したしるし）がつぎつぎに作られ、少女が自分の人生を自分で決める能力をもっているし、その点を自覚すべきだという見方を強化するようになった。ヘッセルバインはこの変革を組織に強制したわけではない。相互依存関係にある支部に変革の機会を与えただけである。大部分の支部は変革を進めた(7)。

中央集権型組織の責任者のような力をもたないまま、どのようにしてこれらの変革を実行したのかと質問されて、ヘッセルバインはこう答えている。「力はいつでもある。どこにあるかが分かっていれば、いつでも使える。包容力がもつ力、言葉の力、利害や関心の一致による力、提携の力などがある。利用できる力は周囲にいくらでもある。ただし、すぐに使えることはめったにないし、目に見えることもめったにない」。社会セクターの指導者は、著名人で構成される理事会、選挙で選ばれた教育委員会、政府の規制機関、基金の理事会、民主的な宗教団体、会員の選挙で選ばれた協会理事会などに責任を負っており、権限が分散した複雑な組織構造に直面している。さらに終身教員、公務員、ボランティア、警察官組合など、さまざまな内部要因がくわわって、社会セクターの指導者のほとんどは企業の最高経営責任者（ＣＥＯ）と違って、集権型の決定権限をもっていない。

> 社会セクターの指導者は企業経営者と比較して、一般論として決断力が乏しいというわけではない。社会セクターの場合には通常、組織運営の仕組みが複雑で、権限が分散しており、この点を認識していないと、指導者に決断力が乏しいとみえるにすぎない。フランシス・ヘッセルバインはほとんどの企業経営者と変わらないほど決断力があるが、ガールスカウトという組織の仕組みと権限の構造によって、執行型のリーダーシップが実際には使えなくなっているのである。

この点が原因になって、企業経営者が社会セクターに移ったときに失敗する場合がある。ある企業経営者が大学の学部長に転身し、みずからのビジョンの実現に向けて教授会を引っ張っていこうとした。だが、経営手法を駆使するほど、教員はさまざまな理由をみつけて教授会を欠席するようになった。こうなったとき、学部長に打つ手があるのだろうか。協力しない教授は解雇するのか。教授はみな、終身の地位を保証されているのだ。こうして「人生で最悪の経験」をなめた後、学部長はビジネスの世界に戻っていった。この学部長が手遅れになるまで気づかなかった点がある。ある学長が述べたように、終身教員は「ノーという理由を無数にもっている」のである。

社会セクターでは組織運営の仕組みが複雑で、権限が分散しているのが通常である点を考えて、リーダーシップのスキルには二つの種類があるという仮説をわたしはたてている。執行型と立法型である。執行型のリーダーシップでは、ひとりの指導者に権限が集中していて、適切な決定を下せるようになっている。これに対して立法型のリーダーシップでは、指導者個人はＣＥＯの肩書をもっている場合ですら、ひとりで重要な決定を下せる権限を組織内でもっていない。そこで立法型のリーダーシップでは、説得や政治力、共通の利害や関心などに頼って、適切な決定が下される条件を整えていく。このような立法型の環境のために、社会セクターでは第五水準のリーダーシップがとくに重要になっている。

良好な企業から偉大な企業への飛躍の研究によって、リーダーシップの能力に五つの段階があり、第五水準が頂点に位置することが分かった。第五水準の指導者が第四水準の指導者と違う点は、野心が何よりも目標、活動、使命、仕事に向けられていて、自分個人には向けられていないこと、野心を実現するために必要であれば、何であれすべて行う意思をもっていることである（次ページの表「第五水準のリーダーシップ」を参照）。社会セクターでは、第五水準のリーダーシップは個人としての謙虚さと職業人としての意思の強さを組み合わせている点できわめて重要であり、権威と影響力を確立する主要な要因になる。指導者が個人の野心を追求しているときに、直接に権力を行使する力をもたない指導者の決定に従う人がいるだろうか。社会セクターのある指導者がこう話してくれた。「第五水準のリーダーシップでは、大きな目標を達成するために賢明にならなければならないことを学んだ。結局のところ、正しい決定が下されるようにすることにわたしは責任を負っている。わたしがひとりでその決定を下す権限をもっていなくても、投票にかければ過半数が得られないような不人

第二節
第五水準のリーダーシップ
——分散型組織構造で成功を収める

図表 4 ● 第五水準のリーダーシップと第五水準までの段階

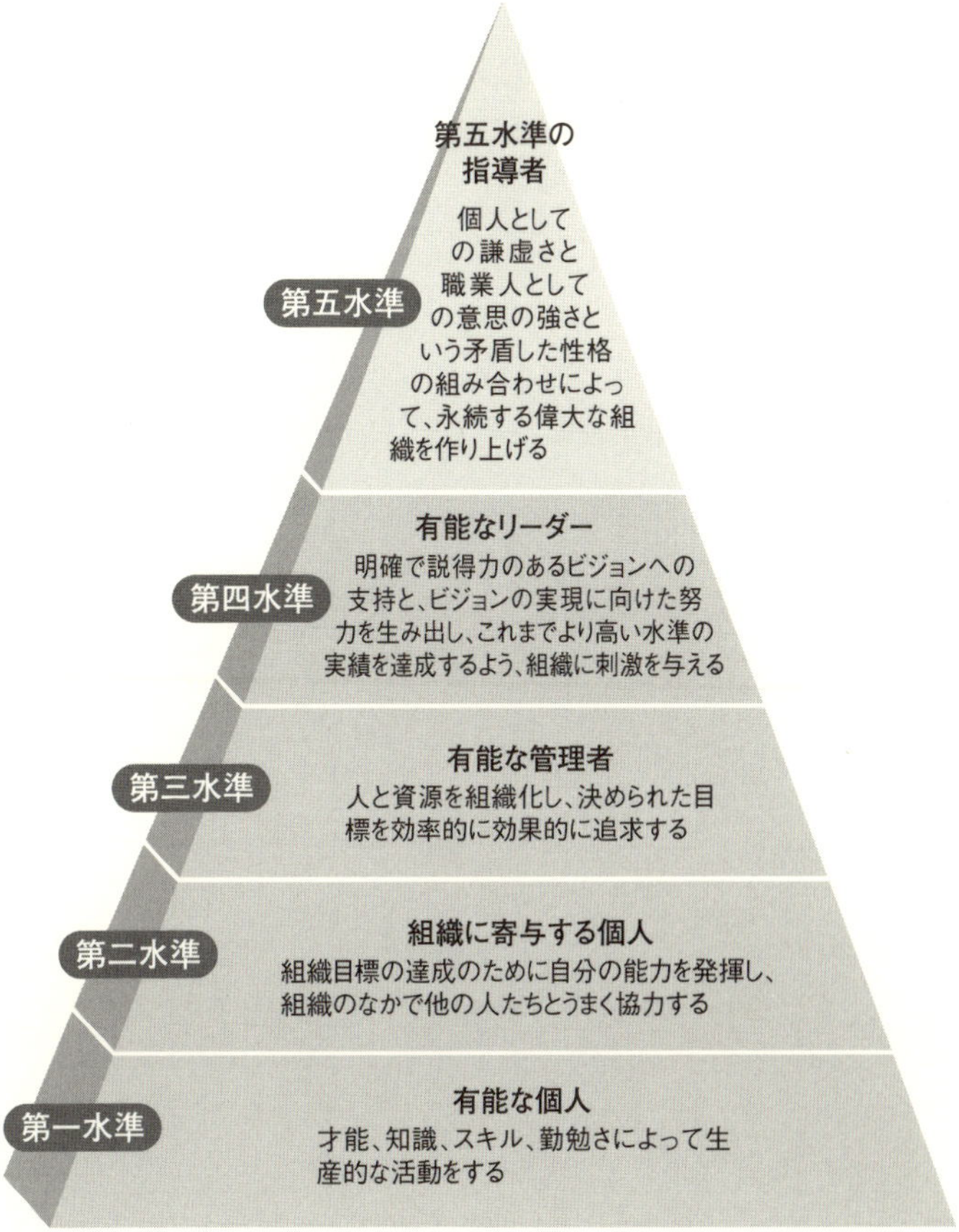
第五水準の指導者
個人としての謙虚さと職業人としての意思の強さという矛盾した性格の組み合わせによって、永続する偉大な組織を作り上げる
第五水準
有能なリーダー
明確で説得力のあるビジョンへの支持と、ビジョンの実現に向けた努力を生み出し、これまでより高い水準の実績を達成するよう、組織に刺激を与える
第四水準
有能な管理者
人と資源を組織化し、決められた目標を効率的に効果的に追求する
第三水準
組織に寄与する個人
組織目標の達成のために自分の能力を発揮し、組織のなかで他の人たちとうまく協力する
第二水準
有能な個人
才能、知識、スキル、勤勉さによって生産的な活動をする
第一水準

気な決定であっても、この点に変わりはない。そして、この責任を果たせるのは、わたしの野心がつねに、何よりも組織の偉大な活動に向けられていて、自分自身には向けられていないことが知られているときだけだ」。

> **第五水準のリーダーシップとは「謙虚さ」や「親切さ」、単なる「包容力」や「全員の合意を得る力」ではない。第五水準とは要するに、正しい決定が下されるようにすることである。どれほど困難であっても、どれほどの痛みを伴うものであっても、長期的に偉大な組織を築き、組織の使命を果たすために必要な正しい決定が、合意や人気とは関係なく下されるようにすることが要点である。**

執行型リーダーシップと立法型リーダーシップという区別はいまのところ作業仮説にすぎず、厳密な調査によって検証する必要がある。調査によってこの区別が実証されるとしても、企業セクターが執行型、社会セクターが立法型という単純な図式になるとは考えにくい。二つの極を結ぶ直線上に事例が並ぶ形になり、とくに優れた指導者は執行型の手法と立法型の手法を組み合わせている可能性が高い。将来の最高の指導者は、社会セクターでも企業セクターでも、純粋な執行型でも純粋な立法型でもないだろう。執行型の手法を使うべきときと使ってはならないときとを心得ているだろう。

以上の点は何とも皮肉な話である。社会セクターの組織は企業セクターにリーダーシップの模範を求め、人材を求めるようになっているが、実際には社会セクターの方が企業セクターより、リーダーシップの模範例が多いのではないかと思えるのである。どうしてそう思えるのか。ジェームズ・マクグレガー・バーンズが一九七八年の名著『リーダーシップ』で論じているように、リーダーシップの実践は力の行使と同じではないからだ(8)。たとえば、拳銃を頭に突きつければ、自発的にとるはずのない行動を相手にとらせることもできるだろう。だがこのとき、リーダーシップを発揮しているわけではない。力を行使しているのである。リーダーシップを発揮しているといえるのは、指導に従っている人たちにそうしない自由があるときだけである。従う以外に選択肢がない場合には、リーダーシップとはいえない。現在、企業の指導者は知識労働者の転職率が高い状況に直面している。サーベンス・オクスリー法（企業改革法）の規定、環境団体や消費者団体、株主活動家の運動に直面している。要するに、以前とは違って、純粋な執行力を一手に握る状況にはなっていない。次世代の企業経営者にとって、第五水準のリーダーシップと立法型の手法を組み合わせることがさらに重要になり、その点で社会セクターの指導者から学ぶのが賢明になるだろう。おそらく、今後は偉大な企業指導者が社会セクターからあらわれることになり、いま考えられているのとは逆になるだろう。

第三節

最初に人を選ぶ

――社会セクターの制約のなかで適切な人をバスに乗せる

一九七六年、二十五歳のロジャー・ブリッグスがコロラド州ボールダーの郊外にある公立高校で物理の教師としてはたらくようになった。教師としての仕事に慣れてくると、靴の中に入り込んだ小石のように、ひとつの考えが気になってしかたがなくなった。学校はもっと良くすることができるという考えだ。

だが、何ができるというのだろう。知事ではなく、教育長ではなく、校長ですらないのだから。それに、ブリッグスは教育の現場から離れたくなかった。同僚の教師と協力して学校を良くしていきたかった。理科の主任になった後、全体的な状況が悪いなかで、自分の担当する小さな部門を偉大な部門にしようと決意した。「教師は所詮雇われなのだから、良好であればそれでいいという見方を拒否した。教育制度全体を変える力はわたしにはないが、十四人の理科部門を変えることならできる」

ブリッグスはまず、良好な組織を偉大な組織に飛躍させた指導者の全員に共通する方法をとった。最初に、適切な人をバスに乗せたのである。教師の給与は低く、奨励給もほとんどないので、ポストに空きができたときに、どんなことであれ関与する以上は最高のものにしなければ我慢できない人、それで得られる報酬のために努力するのではなく、向上を目指すことが強迫観念といえるほどになっているために努力する人を採用するしか方法がなかった。教職員の労働組合が素晴らしい教師も凡庸な教師も同じように守っているので、不適切な人をバスから降ろすのは難しいことが分かっていた。そこで、適切な人をバスに乗せることに焦点を絞った。そして、教師が勤務をはじめてから三年間を、長期にわたる面接の期間だと考えるようになった。三年が経過したとき、終身の身分保証のある本採用を推奨するにあたって、考え方をそれまでとは逆にしたのだ。それまでは、「とんでもない間違いをおかさないかぎり、終身の地位を得られる」というのが原則であったが、「めったにいないほど優れた教師であることを示さないかぎり、終身の地位は得られない」というのを原則にするようになった。

転換点になったのは、そこそこの教師が終身の地位を得る時期になったときだ。ブリッグスはこう説明する。「教師として良好ではあったが、偉大でなかった。そして、『良好』というだけでは理科部門の一員として本採用するわけにはいかないと感じていた」。そこで本採用に強く反対し、常識に反する立場を堅持した。その直後に、素晴らしい若手教師が見つかり、理科部門で採用できた。「前の教師に終身の地位を与えていれば、その席に良好な教師が坐っていたはずだが、それを偉大な教師に与えることができた」。規律の文化が強まり、凡庸な教師は抗生物質に取り囲まれた細菌のようになって、何人かが辞めていった。理科部門というミニバスは、新人を採用するごとに、本採用の決定を下すごとに変わっていき、やがて臨界点に達して規律の文化が確立した(9)。

ロジャー・ブリッグスの物語は三つの点を示している。第一にもっとも重要な点として、たいした権限をもっていなくても、全体的な状況が悪いなかで、小さな部門を偉大な部門に変えていくことができる。公立学校制度という制約のなかですら、理科部門というミニバスで良好な組織から偉大な組織への飛躍を達成できたのだから、ほとんどどこでも同様の飛躍が可能なはずである。第二に、まず焦点をあてるのは「最初に人を選ぶ」原則である。使える手段を最大限に使って適切な人をバスに乗せ、不適切な人をバスから降ろし、適切な人を適切な席につけるのである。終身の身分保証が難題のひとつだし、ボランティアも難題で、資源の不足も難題だが、それでも原則は変わらない。偉大な組織への飛躍は何よりもまず、適切な人を主要な席につけることからはじまるのであり、偉大な組織になれば適切な人が集まってくるのではない。第三に、ブリッグスはこれらの点を達成するために、初期評価の仕組みを使い、この仕組みを厳格に適用した。

社会セクターでは、不適切な人をバスから降ろすのが企業セクターよりむずかしい場合があるので、採用の仕組みよりも初期評価の仕組みの方が重要である。完璧な面接方法はないし、理想的な採用方法もない。きわめて優秀な幹部でも、採用にあたって失敗することがある。ある人物について確実なことが分かるのは、その人とともにはたらいたときである。

企業の経営者であれば、採用した人を解雇するのがもっと容易だし、それと変わらないほど重要な点だが、資金を使って優秀な人材を集めることができる。これに対して社会セクターの指導者の大部分は、企業とくらべて安い給与ではたらく人たち、ボランティアの場合には無給ではたらく人たちに頼らなければならない。だが、『ビジョナリー カンパニー2―飛躍の法則』の調査結果が役立つはずだ。重要なのは報酬をどう支払うか（あるいは、いくら支払うか）ではなく、だれに支払うのか（だれがバスに乗っているのか）なのである。調査で比較対象にした企業、つまり偉大な組織に飛躍できなかった企業では、熱意や規律のない人を「動機づける」ための奨励給を重視していた。これに対して偉大な企業では、適切な人、つまり、生産的にはたらく性格をもともともっている人、熱意や動機がもともとある人、一日一日に最善をつくさなければ満足できず、それが生まれついての性格の一部である人を採用し、維持することを重視していた。社会セクターでは巨額の奨励給を支払うことはできないし、ボランティアの場合には報酬を支払うことすらできないのだから、「最初に人を選ぶ」

原則が一層重要である。資源の不足は、厳格な姿勢をとらないことの言い訳にはならない。資源が不足しているからこそ、人を選ぶことが決定的に重要になるのである。

第三節
最初に人を選ぶ
——社会セクターの制約のなかで適切な人をバスに乗せる

一九八八年の春、ウェンディ・コップはプリンストン大学を卒業するにあたって、素晴らしいアイデアをもっていた。一流大学の卒業生に、社会人としての当初二年間、低所得者層の子供たちを教える教師として公立学校ではたらくよう説得するというアイデアである。コップは資金もなく、事務所もなく、組織もなく、名もなく、権威もなく、家具もなく、ベッドや洋服を入れるドレッサーすらもっていなかった。著書の『いつの日か、子供たち全員が……』に、卒業後にニューヨーク市の小さな部屋を借り、寝袋を床に放り投げ、ゴミ袋三つに入れてきたジーンズとシャツを取り出して床に並べたと、当時の様子を描いている。モービルを説得して、ティーチ・フォー・アメリカの設立のために二万六千ドルの助成を受け、その後の三百六十五日を手品のような活動に費やした。企業や基金から寄付を集めると約束して、優秀な学生にバスに乗るよう説得し、それと同時に、優秀な学生をバスに乗せると約束して、企業や基金から寄付を募ったのだ。

コップは一年後、イェール大学、ハーバード大学、ミシガン大学などを卒業したばかりの五百人の前に立っていた。この日から研修がはじまり、その後にアメリカ国内の貧しい地域の学校で教えることになったのである。では、給与が低く、学校が荒廃していることを承知のうえで、優秀な学生に教師としてはたらくよう説得できたのはなぜなのだろうか。第一に学生の理想主義的な情熱を呼び起こし、第二に志願者のなかからほんとうに優秀な学生だけを選びだす仕組みを設けたからだ。非営利法人、シティ・イヤーのマイケル・ブラウンはこの運動に感銘を受けて注目しており、こう説明する。「コップは優秀な学生にこう語りかけている。『皆さんがほんとうに優秀なら、私たちの運動に加わることができる。しかしまずは厳しい選別と評価を受けなければならない。選出されない場合に備えておいてほしい。これらの教室で成功を収めるには、特別な能力が必要だからだ』と」(10)。

選別の仕組みがあることで、支援団体に信頼されるようになって寄付が増加し、この資金を使って、運動に応募する学生、選別の後に参加を認める学生をさらに増やせるようになった。二〇〇五年には、応募者が累計九万七千人を上回り（そう、九万七千人である）、そのうち一万四千百人に参加を認めた。年間の寄付収入も四千万ドル近くになっている(11)。

ウェンディ・コップは三つの基本を理解していた。第一に、選別を厳しくするほど、仕事の魅力が高まる。ボランティアや低賃金の仕事でもこの点に変わりはない。第二に、社会セクターにはあきらかに有利な点がひとつある。生きる意味を必死で求める人が多い事実である。目的が純粋であれば、子供たちの教育、宗教教育、地域社会の治安維持、偉大な芸術に触れる感動の伝達、飢餓に苦しむ人への食料提供、貧困層の支援、自由の擁護など、どのような活動でも情熱と使命感を燃え上がらせる力をもっている。第三に、社会セクターの偉大な組織にとって何よりも重要な資源は、使命の達成につくす適切な人材である。適切な人材が揃っていれば、資金を引きつけられることが多いが、資金があってもそれだけでは適切な人材を引きつけることはできない。資金はありふれているが、才能はそうではない。時間と才能があれば資金の不足を補える場合が多いが、資金があっても、それだけでは適切な人材の不足を補うことはできない。

第四節

針鼠《ハリネズミ》の概念

——利益動機のないなかで、経済的原動力を見直す

『ビジョナリー カンパニー2―飛躍の法則』の中心に位置するのは、針鼠の概念である。針鼠の概念の核心は、長期的に最善の結果を生み出す方法を鮮明にし、この概念から外れる機会にぶつかったとき、「ありがたいが見送りたい」という規律をもちつづけることである。偉大な組織への飛躍を達成した各社について針鼠の概念を検討した結果、この概念が三つの円の重なる部分を深く理解して導き出されていることがあきらかになった。第一の円は、情熱をもって取り組めるものである。第二の円は、自分たちが世界一になれる部分である。第三の円は、経済的原動力になるものである。

社会セクターの指導者は針鼠の概念が役に立つといってくれるが、第三の円、経済的原動力を否定する指導者が多い。なぜなのか、わたしは疑問に思っていた。たしかに、社会セクターは利益を追求しているわけではないが、それでも使命を達成するには経済的原動力が必要になる。

あるとき、わたしはジョン・モーガンと話し合った。三十年にわたって聖職者として活動し、そのときはペンシルベニア州レディングの教会牧師であった。

第四節
針鼠の概念
――利益動機のないなかで、経済的原動力を見直す

「わたしたちの教会には社会に適応できない人が集まっている。針鼠の概念としてまとめられている考え方はとても役に立つ。わたしたちは地域社会の再建に情熱をもっているし、地域社会の多様性を十分に反映した形で新しい世代の変革の指導者を生み出す点で、地域で一番になれる。これがわたしたちの針鼠の概念だ」

経済的原動力はどうかと、わたしは質問した。

「この円はそのままでは使えない。教会では意味をなさないので」

「どうして意味をなさないのか。教会の活動に資金が必要ではないのか」

「問題が二つある。第一に、宗教の場で金銭を話題にすることには抵抗がある。金銭へのこだわりが悪の根源だと教える文化的な伝統があるので」

「でも、金銭がなければ、電気代も電話代も払えないのではないか」

「たしかに。それでも、教会という場で金銭を正面から話題にすることには根強い抵抗がある点も考慮する必要がある。そして第二に、教会の活動を支えているのは資金だけではない。教会にとっての課題は、あらゆる種類の資源を確保することだ。支払いに使う資金も必要だが、それ以外に時間や精神的な支援も必要だ

し、手と頭と心が必要だ」(12)

モーガンが指摘したのは、企業セクターと社会セクターの基本的な違いである。この違いのために、針鼠の概念の第三の円は、経済的原動力から資源の原動力に変わる。社会セクターの組織にとって決定的な問題は、「どれだけの利益をあげるのか」ではなく、「どのようにして持続性のある資源の原動力を開発し、組織の使命という観点で優れた実績をあげられるようにするか」である。

社会セクターの組織を幅広くみていくと、資源の原動力には基本的要素が三つあると思える。時間、資金、ブランドである。「時間」は「最初に人を選ぶ」原則を扱った第三節のテーマであり、報酬のない活動に、あるいは企業ではたらけば得られる水準より報酬の低い職に、有能な人材をどこまでうまく引きつけられるかである。「資金」はこの節の主題であり、継続的な資金をどこまでうまく確保できるかである。「ブランド」はつぎの第五節の主題であり、支援者になりうる層の好意と関心をどこまでうまく獲得できるかである（次ページの図「社会セクターの針鼠の概念」を参照）。

『ビジョナリー カンパニー2―飛躍の法則』のための調査で、「財務指標の分母」の重要性があきらかになった。「X当たり利益」をたったひとつの基準になる財務指標として採用し、これを長期にわたって一貫して高めていくことを目標にする場合、Xに何を選べば、自社の経済的原動力に最大の影響を与えられるだろうか。この問いはどの企業にとっても経済性の核になる部分、つまり利益生成の仕組みを投下資本利益率であらわしたものに直結している。

同じ見方が社会セクターで通用するわけではない。その理由のひとつとして、ブリッジスパン・グループのトム・ティアニーが適切に指摘しているように、社会セクターには合理的な資本市場がないので、最高の実績をあげた組織に資源を振り向ける仕組みがない。もうひとつの理由として、社会セクターのすべての組織に適用できる経済的原動力、つまり企業セクターの「X当たり利益」にあたる

図表5 ● 社会セクターの針鼠の概念

第一の円：	**情熱**―みずからの組織が意味するもの（基本的価値観）と存在理由（使命、基本的目的）に関する理解。
第二の円：	**世界一になれる部分**―みずからの組織が世界のどの組織よりも活動地域の人びとに寄与できる点に関する理解。
第三の円：	**資源の原動力**―時間、資金、ブランドという三つの面で、資源の原動力になる最強の要因に関する理解。

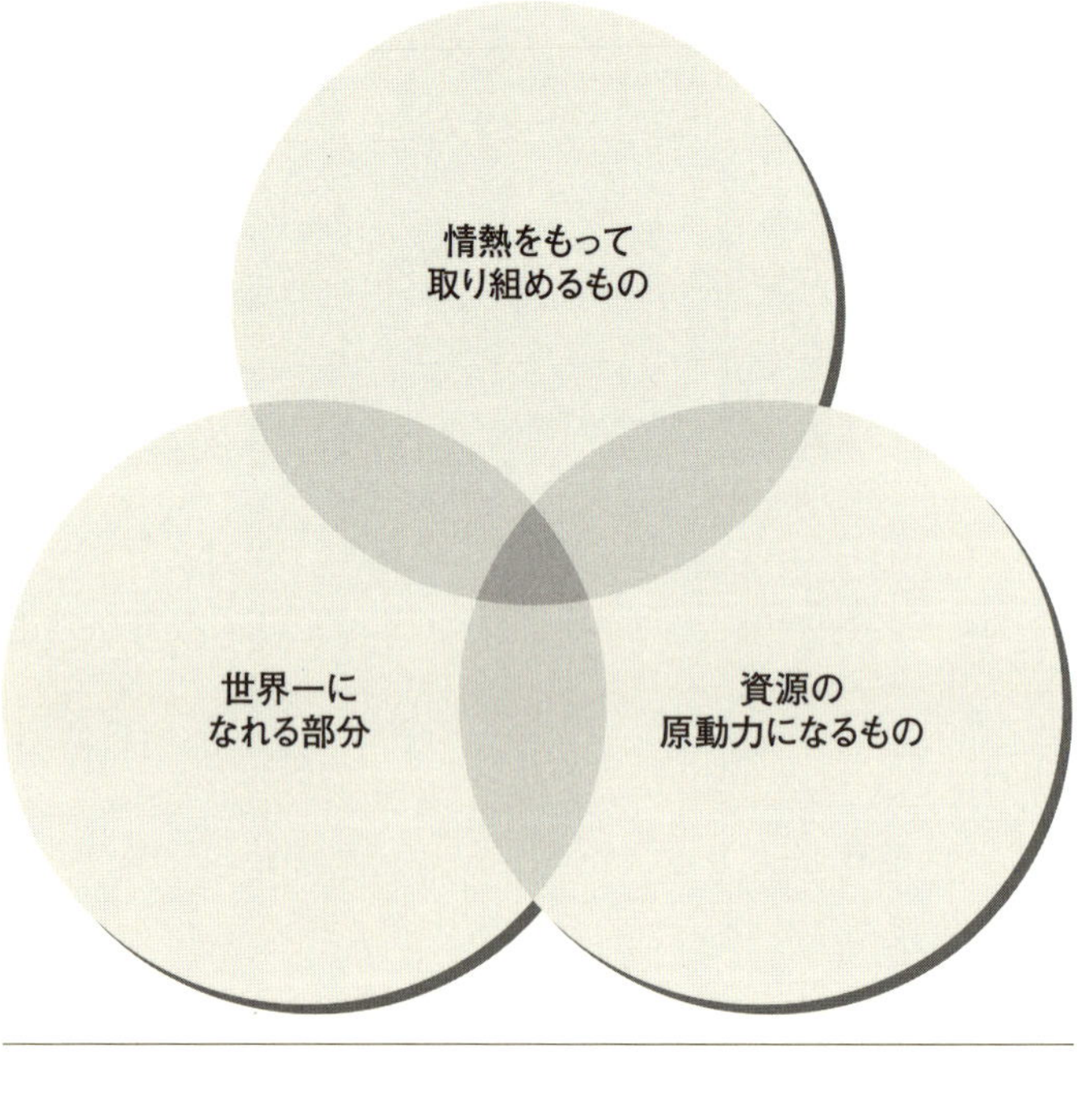

ものがない。社会セクターの目的はすべて、社会の目標や人びとの必要、国の課題のうち、利益をあげられる価格をつけて販売する方法では満たせない部分を満たすことにある。

そこで、多数の分野にわたる四十四の非営利組織の経済的側面を調査した。予算書や年次報告書、決算報告、内国歳入庁（ＩＲＳ）フォーム九九〇（納税申告書）を資料に、調査チームのマイケル・レーンが資金の源泉、支出項目、寄贈された資産のうち使途を限定された拘束資産と限定されない非拘束資産、幹部の報酬などの情報をまとめてくれた。この調査と分析は規模も目標も限られているが、それでも有益な結果が得られた。

社会セクターの組織は、慈善寄付・民間助成金の比率を縦軸、事業収入（製品やサービスの販売、請負による収入）の比率を横軸とする四象限に分類すると、四つの象限の全体にわたって広く分散していることが分かった（次ページの図「社会セクターの経済的原動力の四象限」を参照）。同じ「産業」の組織であっても、経済的原動力という点で違った象限に入っている場合がある。たとえば、ガ

図表 6 ● 社会セクターの経済的原動力の四象限

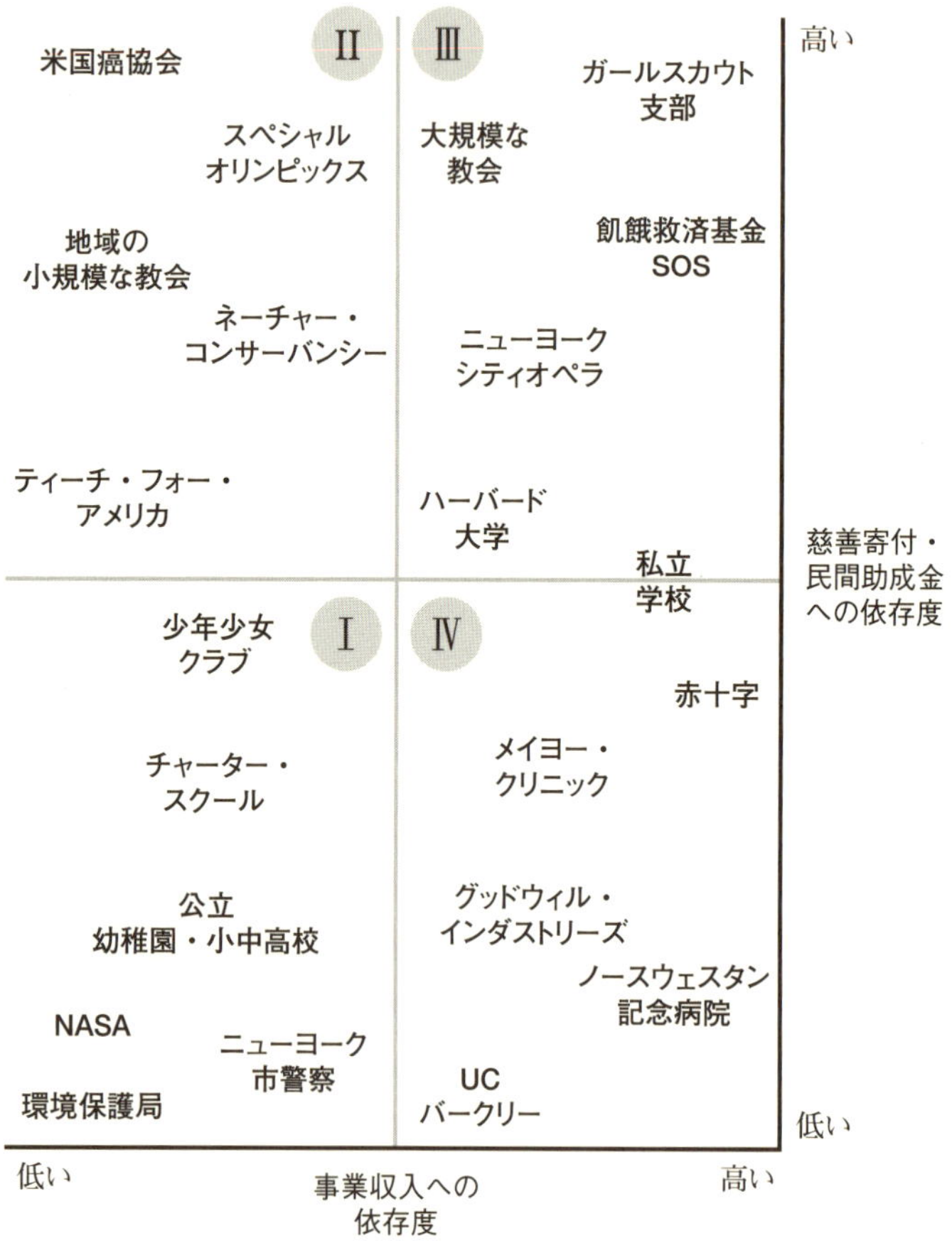
II
III
I
IV
米国癌協会
スペシャル
オリンピックス
地域の
小規模な教会
ネーチャー・
コンサーバンシー
ティーチ・フォー・
アメリカ
大規模な
教会
ガールスカウト
支部
飢餓救済基金
SOS
ニューヨーク
シティオペラ
ハーバード
大学
私立
学校
少年少女
クラブ
チャーター・
スクール
公立
幼稚園・小中高校
NASA
ニューヨーク
市警察
環境保護局
赤十字
メイヨー・
クリニック
グッドウィル・
インダストリーズ
ノースウェスタン
記念病院
UC
バークリー
高い
慈善寄付・
民間助成金
への依存度
低い
低い
事業収入への
依存度
高い

象限Ⅰ：政府予算への依存度が高い組織

NASA、海兵隊、公立幼稚園・小中高校、チャーター・スクール、警察など、政府予算で運営されている政府機関がここに入る。少年少女クラブのように、他の源泉からの収入もあるが、それ以上に政府の直接の助成金に大きく依存している非営利団体もここに入る。この象限の組織では、資源の原動力は政治的なスキルと国民の支持の維持に大きく依存する。

象限Ⅱ：慈善寄付への依存度が高い組織

米国癌協会、スペシャルオリンピックス、ハビタット・フォー・ヒューマニティなど、テーマ型非営利団体の多くや、多数の宗教団体、地域の共同募金、地域の慈善団体がここに入る。この象限の組織では、資源の原動力は人間関係や募金活動の仕組みに依存する。

象限Ⅲ：慈善寄付と事業収入を組み合わせている組織

舞台芸術団体は主にここに入り、さらに、ガールスカウト支部のクッキー販売、SOSの協賛事業のように、資源の原動力のうち資金の部分を強化するために独自の事業収入源を確立している組織が入る。この象限の組織では、ビジネス感覚と募金活動のスキルがともに必要になる。

象限Ⅳ：事業収入に大きく依存している組織

製品とサービスの販売、教育、請負などによる収入に主に依存している組織がここに入る。非営利病院や高等教育機関の多くが入る。さらに、歴史の古い非営利団体でも、ここに入る組織がおどろくほど多い。たとえば、赤十字には総額20億ドルの医薬品事業（主に血液製品）があり、グッドウィル・インダストリーズには中古品販売店がある。この象限の組織では、資源の原動力が営利企業の場合とよく似ている。

ールスカウト支部はガールスカウト・クッキー®の販売でかなりの資金を得ており、政府の支援はほとんど受けていない(13)。これに対してアメリカ少年少女クラブは、収入の半分以上を政府の支援で得ている。また、四つの象限のそれぞれで、必要になるスキルが違っている。政府予算に頼っている組織では、政治的スキルを使って政治家を説得し、国民の支持を集めなければならない。たとえば航空宇宙局（NASA）は、企業の売上高ならフォーチュン五百社の上位に入るほどの予算を認める価値があると、議会を説得しなければならない。これに対して慈善寄付に頼っている組織は、寄付金集めの仕組みを作り上げ、心理的な絆を固めていかなければならない。たとえば、「癌《がん》治療を支援するのは大切だ」と思ってもらう必要がある。そして、病院のように事業収入の比率が高い組織では、経済的原動力が企業にかなり似ている。

だが、社会セクターでは、組織によって経済構造に大きな違いがあることから、針鼠の概念の重要性が高まっている。社会セクターはそもそも性格が複雑なことから、普通の企業の場合より三つの円についての理解を深め、明確にする作業を徹底する必要がある。まず、情熱をもって取り組めるものを明確にし、つぎに、みずからの組織が世界のどの組織よりも活動地域の人びとに寄与できる点を厳しく評価して、情熱をもって取り組める部分をさらに明確にする。つぎに、資源の原動力を他の二つの円に直接に結び付ける方法を編み出す。

針鼠の概念で決定的に重要な点は、この三つの円を最善の方法で結び付け、それぞれが強化しあう関係を作り上げることである。「世界一になれる部分に全力を集中することがどのようにして、資源の原動力に直接に結び付いているのか、また、資源の原動力がどのようにして、世界一になれる部分を直接に強化しているのか」という問いに答えられなければならない。そして、その答えが正しくなければならない。

ドルー・バスカレノはインディアナ州サウスベンドのホームレス・センターの専務理事に就任したとき、幹部とともにセンターの針鼠の概念を開発した。まず、熱心なキリスト教徒が多い中西部の町で、自分の生活に責任を負うようホームレスの人たちを説得し、ホームレスの人たちが陥っている悪循環を断ち切る点で、世界一になれると確信した。そしてすぐに、政府の助成を中心とする資源の原動力が、センターの針鼠の概念と矛盾することに気づくようになった。

バスカレノはこう説明する。「ホームレスとは、自分自身、家族、地域社会からの断絶が深くなった状態だ。この認識がセンターの活動のすべてで基礎になっている。センターの組織はすべて、ホームレスや支援者、ボランティア、スタッフといった人びとを自分自身、家族、地域社会と結び付けるという考え方にしたがって作り上げた。この考え方からは、政府による助成を求めて必死にはたらきかけるのはまったく馬鹿げている。地元の支援者やボランティアとホームレスの人たちとの結び付きを強化するのなら、この考え方にあっている」

そこでセンターは、毎年五千ドルから一万ドルを寄付し、センターの活動に積極的な人たちを中心に、経済的原動力を築いていった。二〇〇四年には、資源の原動力のうち政府による部分は十パーセント以下になった。そうなったのは、政府の助成が受けにくくなったからではなく、センターにとって、針鼠の概念のあと二つの円とうまく適合しない事実を認識したからである(14)。

ピーター・ドラッカーが論じたように、社会の役に立つための基礎は優れた仕事である。そして、優れた仕事の基礎は針鼠の概念を徹底して追求することだとわたしは考えている。「資金がなければ使命は果たせない」という昔からの格言は正しい。だがこれは真実の一部でしかない。社会セクターで偉大な組織になるには、三つの円の重なる部分から離れる動きをもたらす資源に対しては、「ありがたいが見送りたい」という規律をもっていなければならない。針鼠の概念に向けられる資源だけを引きつけ、受け入れる規律をもち、三つの円の重なる部分から離れる動きをもたらす資源を拒否する規律をもつ組織こそが、世界に大きく貢献するだろう。

第五節

弾み車を回す

——ブランドを構築して勢いをつける

偉大な組織を築くとき、決定的な行動や壮大な計画、画期的なイノベーション、たったひとつの大きな幸運、魔法の瞬間といったものはない。『ビジョナリー　カンパニー2—飛躍の法則』のための調査であきらかになったのは、偉大な組織への飛躍を築く動きが社内の人たちにとって、巨大で重い弾み車を回すように感じられることだ。弾み車を必死になって押していると、何日も、何週間も、何か月も、ほとんど進歩らしい進歩がない状態が続くが、やがてほんの少し動きだす。だが、それで努力を止めるわけではない。さらに努力して押しつづけると、ようやく弾み車が一回転する。さらに努力を続ける。つねに同じ方向に押しつづけていると、弾み車の回転が少し速くなる。まだまだ押しつづける。二回転、四回転、八回転。徐々に回転が速くなる。十六回転。まだ押しつづける。三十二回転。勢いがさらについてくる。百回転。一回転ごとに速くなる。一千回転、一万回転、十万回転。こうして押しつづけていると、どこかで突破の段階に入る。どの回転もそれまでの努力によるものであり、努力の成果が積み重なった結果である。こうして弾み車はほとんど止めようのない勢いで回転するようになる。偉大な組織はこのようにして築かれていくのだ。

針鼠の概念を徹底して追求することで、実績を作っていく。その実績によって資源と熱意を引きつけ、強固な組織を築くのに使えるようになる。組織が強固になれば、さらに優れた実績をあげるようになり、資源と熱意をさらに引きつけるようになり、組織をさらに強固にすることができ、その結果、実績がさらに向上していく。成功を収めている動きに参加して興奮を味わいたいと望んでいる人は多い。そのため、目に見える成果が確認できるようになったとき、つまり回転に勢いがついてきたと感じられるようになったとき、多数の人が弾み車を押す動きにくわわるようになる。

これが弾み車の力だ。成功によって支援と熱意が生まれ、それによってさらに大きな成功が生まれ、支援と熱意がさらに生まれる。弾み車の回転が速くなる。人は成功している動きを支えたいと望むものだ。

企業セクターでは、弾み車効果はきわめて大きい。優れた業績をあげれば、資本を提供したいと望む投資家が列をつくる。これに対して社会セクターでは、優れた実績をあげても、資源を継続的に確保できると保証されているわけではない。実際には正反対のことが起こりうる。クララ・ミラーが優れた記事「単純な光景の裏側」（ノンプロフィット・クォータリー誌二〇〇三年春号）で示したように、非営利団体向けの寄付はそれぞれの団体が取り組む個々のプログラムに使途を限定するのが一般的であり、偉大な組織を築くことにはあまり向けられていない。このため小規模な非営利団体では、活動が軌道に乗ると、「黒字になっているのなら、寄付の必要はないだろう」といわれて、寄付集めがむずかしくなる。個別のプログラムに対する寄付から使途を限定されない継続的な寄付に移行しようとすると、死の影の谷を歩むような困難にぶつかり、その過程で活動を続けられなくなる団体が多い。

いつも不思議に思っているのだが、企業についてなら適切な経営陣が率いる偉大な企業に投資するべきだという見方を完全に理解していても、社会セクターの組織については、これと同じ論理を適用できない人が少なくない。社会セクターに資金を提供する人たちは、自由市場モデルの「適正価格での交換」に代えて、「適正な交換」という考え方を持ち込むことができ、この考え方が大きな問題を引き起こしている。非営利団体に資金を提供するとき、これは寄付であり（あるいは公的な資金であり）、適正価格での交換ではないのだから、資金の使い方を指定する権利があると考えるのだ。この考え方を別の観点からみるなら、社会セクターへの資金提供では、「時を告げる」動きを優遇することが多い。個別のプログラムに使途を限定した寄付が中心になるが、こうしたプログラムは先見性のあるカリスマ的指導者による場合が多いのだ。だが、偉大な組織を築くためには、「時計をつくる」動きに移行する必要がある。ひとつのプログラムのアイデアや、ひとりの先見性のある指導者を超えて活力を維持できる強力な組織を作る必要がある。寄付にあたって使途を限定する考え方は、基本的な点を見失っている。社会に大きな影響を与えるために必要なのは、何よりもまず偉大な組織なのであって、ひとつの偉大なプログラムではないのだ。針鼠の概念をしっかりと確立し、優れた実績をあげている規律ある組織があれば、その組織の指導者が最善だと考える方法で活動できるように、使途を限定しない資源を提供するのが、支援者にとって最善の方法である。組織の活動に口をはさまないようにし、組織が時計をつくる仕事を続けられるようにするべきだ。

企業セクターと社会セクターには経済的な性格に違いがあるが、どちらの場合でも偉大な組織への飛躍のためには弾み車効果を強化していかなければならない。企業の場合には、弾み車の回転をもたらす主要な原動力は、優れた業績と資本の源泉の結び付きである。これに対して社会セクターでは、同様の結び付きで重要なのはブランドの評判だと指摘したい。ブランドは目に見える実績と支援者になりうる人たちの関心によって築かれていくものであり、ブランドの評判が高ければ、支援者になりうる人たちの間で組織の使命が高く評価されるだけでなく、使命を達成する組織の能力が高く評価される。

ハーバード大学は他の大学とくらべて、教育と研究の成果がほんとうに優れているのだろうか。おそらく優れているのだろうが、それだけでなく、ハーバード

第五節
弾み車を回す
――ブランドを構築して勢いをつける

大学は好印象をもたれているので、疑問をもたれる点があっても、寄付金を集める際に障害にならない。二百億ドルを超える基金をもっているが、それでも寄付が流入しつづけている(15)。ある卒業生はこう語っている。「ハーバードには毎年寄付しているが、砂浜に砂を運ぶようなものではないかと感じることもある」。赤十字は災害時の救援活動で最高の仕事をしているのだろうか。おそらくしているのだろうが、それだけでなく、赤十字のブランドがあるために、災害が起こって何ができるのだろうかと考えた人にとって、赤十字への寄付がもっとも簡単な答えになっている。アメリカ癌協会は癌の克服に最善の組織なのだろうか。ネーチャー・コンサーバンシーは環境をもっとも効率的に保護できるのだろうか。おそらくそうなのだろうが、それだけでなく、どちらもブランド力があるので、それぞれの分野に関心がある人が支援先として真っ先に考える組織になっている。同じことが、政府の資金で活動している機関についてもいえる。ニューヨーク市警察にはブランド力がある。アメリカ海兵隊にはブランド力がある。NASAにはブランド力がある。これらの機関への予算を削減しようとする人がいれば、ブ

図表 7 ● 社会セクターの弾み車

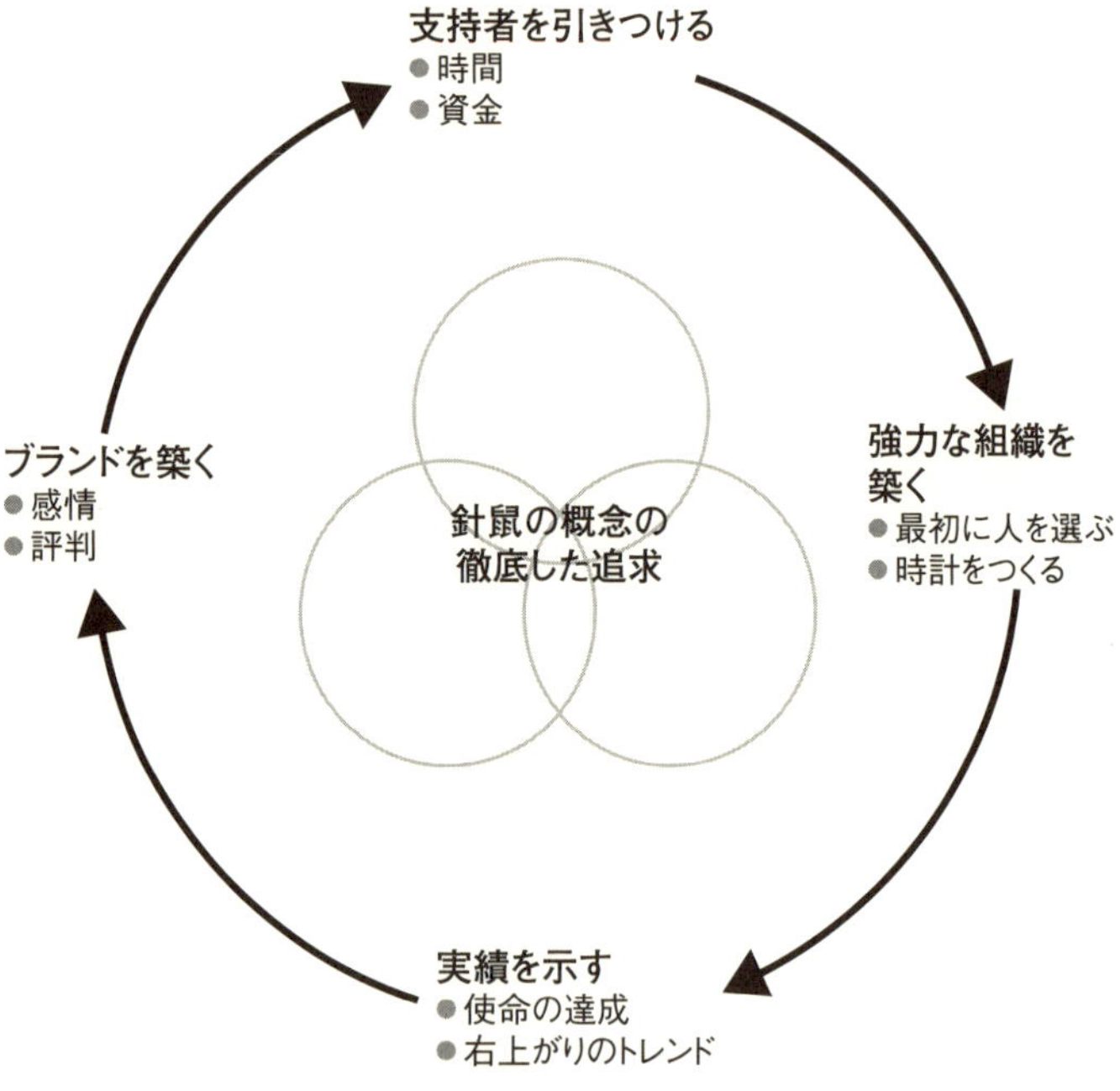

ランドの力に対応しなければならない。

今後の調査によって、社会セクターの組織でブランドの評価が果たす役割を検証し、さらに深い見方が得られると期待している（それまでの間、デービッド・アーカーの名著『ブランド・エクイティ戦略』を推奨する）。だが、今後の調査でどのような結果がでるとしても、弾み車効果はたしかだと確信している。一貫性はほんとうに偉大なものの特徴である。努力の姿勢を弱めない一貫性、針鼠の概念から離れない一貫性、基本的価値観を守り抜く一貫性、長期にわたる一貫性が特徴になっているのである。永続する偉大な組織は「基本理念を維持し、進歩を促す」原則を実践しており、基本的価値観と基本的目的（組織にとって不変の主義）を、慣行や規範、戦略（世界の変化に適応して絶えず変えていくもの）から切り離している。基本的価値観を維持し、針鼠の概念に集中するとは何よりも、何をすべきかを明確にするだけでなく、それと変わらないほど、何をすべきでないかを明確にすることを意味する。

社会セクターの指導者は、世界のために役立つ活動をしていることに誇りをもっている。だが、活動の成果を最大限に高めるには、社会に役立つ活動のうち、針鼠の概念に一致するものだけを行う厳しい姿勢が必要である。ほんとうに社会に役立つためには、針鼠の概念から外れる活動を行うよう求められたときに「ノー」といい、そうした活動を止める規律が必要である。

二〇〇一年九月十一日火曜日、クリーブランド管弦楽団は木曜日のコンサートに向けて、マーラーの交響曲第五番のリハーサルを行っていた。同時多発テロによる被害の全容があきらかになると、楽団員は演奏を止め、その日のリハーサルは中止した。翌日の午前、トム・モリスと音楽監督のクリストフ・フォン・ドホナーニは木曜日のコンサートをどうするか議論した。中止することもできた。アメリカではこの週、ほとんどのイベントが中止になったのだから。コンサートを開くこともできたが、その場合、曲目をどうすべきか。モリスはすでに、ヨーロッパの作曲家の作品ではなく、純粋にアメリカの作品だけのプログラムにするよう求める声が地域で高まっていることを感じていた。

モリスとドホナーニは、これまでのどの週とくらべても、人びとがクリーブランド管弦楽団に対して、とりわけ優れた演奏ができる曲、数あるオーケストラ曲のなかでもとりわけ力強い曲を演奏するよう求めているとの結論に達した。マーラーの交響曲第五番を演奏すると決定したのだ。死、愛、生のきわめて強い感情を表現した曲だからだ。トランペットのソロによる暗い葬送行進曲ではじまり、大音響のフル・オーケストラがくわわり、誕生と再生を祝う最終楽章で六十五分の大曲が終わる。マーラーが百年前ではなく九・一一の直後に、心臓部を撃ち抜かれたアメリカという国の国民の心を慰めるために作曲したかのような曲なのだ。

九月十三日の夜、セベランス・ホールは完全な満席になった。聴衆にわたされたビラには「本日のコンサートでは初めに黙祷を捧げます」という簡潔なメッセージが書かれていた。午後八時きっかり、クリストフ・フォン・ドホナーニが登場した。堂々とした長身、長い白髪をなびかせ、地味な黒の燕尾服を着ている。

指揮台の上で聴衆に向かい、黙祷をはじめた。一瞬ではなかった。一分がすぎ、おそらく二分もすぎて、これ以上続ければ長すぎになるぎりぎりのところまで続けた。そして目を上げた。オーケストラに向かい、一瞬、間をおいて全員が着席するのを待った。指揮棒を上げ、静止し、振り降ろした。トランペットのソロで沈黙が破られ、マーラーの交響曲第五番がはじまった。

「あのとき、社会に役立てる活動として、最高の演奏ができるものに固執し、偉大な音楽を妥協のない芸術性で演奏するという基本的価値観をしっかりと維持すること以上の方法は、まったくなかった」とトム・モリスは語る(16)。支援者のなかには聴衆の合唱で心を奮い立たせるよう望んだ人もいただろうし、その日のコンサートは中止すべきだったと感じた人もいただろう。翌年には寄付を止めた人もいただろうし、非難を浴びせたマスコミもあっただろう。だがそれは重要な問題ではない。重要なのは、クリーブランド管弦楽団が基本的価値観と針鼠の概念から離れず、世界のどの組織よりも優れた活動ができることだけを、クリーブランドの市民のために行った点なのである。

全体的な状況が悪いなかで
偉大な実績をあげる

株式運用成績でみて、一九七二年から二〇〇二年までの三十年間に、アメリカの上場企業のなかで第一位になったのがどの企業なのか、想像がつくだろうか。ゼネラル・エレクトリック（GE）ではない。インテルでもない。ウォルマートですらない。ではどの企業なのだろうか。マネー・マガジン誌に発表された三十年間の株式運用成績調査によれば、第一位に輝いたのはサウスウェスト航空であった(17)。

この点を少し考えてみよう。過去三十年、航空よりも環境が悪かった産業は考えつかないほどである。石油ショックによる燃料価格高騰、規制緩和、厳しい競争、労働争議、九・一一、巨額の固定費、企業倒産につぐ企業倒産……。ところがマネー・マガジン誌によれば、一九七二年にサウスウェスト航空の株式に投資した一万ドルが、二〇〇二年には一千万ドルを超えるまでになっていた。その一方で、ユナイテッド航空は倒産し、アメリカン航空は経営難に苦しんでおり、航空業界は考えうるかぎり最悪の状況に止まっている。それだけではない。サウスウェスト航空と同じ格安航空会社がつぎつぎに破綻してきた。航空会社の経営者は、業界の環境が悪すぎると口癖のように語っており、過去三十年にアメリカの全上場企業のなかで株式運用成績が第一位になった企業が、自社と同じ航空会社である事実を無視している。

ここで質問がある。サウスウェスト航空の経営幹部がこう語っていたとすればどうなっていただろうか。「当社で偉大な業績をあげようとしても、どうしようもない。まずは航空業界全体の状況という制約を解決しなければ」

わたしは社会セクターの指導者を対象として、ソクラテス・メソッドを使ったセミナーを何度も開催している。そうしたセミナーで何度も、魅力的で活動的な人たちが全体的な状況の制約にばかりこだわるのをみてきた。

非営利医療機関の指導者が集まったセミナーで、素朴な質問をした。「偉大な病院を築くには、何が必要なのか」

「メディケア（高齢者医療保険）の制度が行き詰まっており、まずはこの問題を解決しなければいけない」とひとりが答えた。

「医療費を支払うのは保険会社、政府機関、企業であって、患者ではない。ここから根本的な問題が生まれている。国民はみな、世界最高級の医療を受ける権利があると考えているが、それに必要な支払いをしようとは、誰も考えていない。そのうえ、医療保険に加入していない人が四千万人もいる」と別の人が答えた。

全員がさまざまな制約をいいたてた。「医師が競争相手でもあり提携相手でもある」、「訴訟の脅威がある」、「医療制度改革の恐れがある」などなどである。

そこでいくつかのグループに分かれて議論してもらうことにし、優れた実績が持続する組織に飛躍した医療機関を少なくともひとつ、各グループであげるように求めた。それぞれのグループは熱心に議論し、ほとんどのグループが偉大な医療機関を少なくともひとつあげることができた。そこでつぎの課題を示した。「グループの議論に戻って、今度は偉大な組織としてあげた例のそれぞれについて、立地、地域の人口構成、規模などの状況がよく似ているが、偉大な組織に飛躍できなかった医療機関をあげてほしい」。その後の議論で、ほとんどのグループがそういう医療機関をあげることができた。そこでわたしは質問した。「偉大な組織に飛躍できた医療機関がある一方で、全体的な状況の面では、まったく同じではないにしろ、よく似た制約があるなかで飛躍できなかった医療機関が多い理由をどう説明するのか」

たとえば、公立高校の理科部門のロジャー・ブリッグスが、クリーブランド管弦楽団のトム・モリスが、ニューヨーク市警察のウィリアム・ブラットンが、ティーチ・フォー・アメリカのウェンディ・コップが、ガールスカウトのフランシス・ヘッセルバインが、希望を捨て、両手を上げて、全体的な状況が改善するのを待っていればどうなっていただろうか。全体的な状況が改善するまでには数十年がかかる場合もあり、改善したころには引退しているか、死んでいるのではないだろうか。それまでの間、何をするのか。ここで重要になるのが、『ビジョナリー カンパニー2——飛躍の法則』の第四章で論じたストックデールの逆説である。最後にはかならず偉大な組織になるという確信を失ってはならない。そして同時に、自分たちがおかれている現実のなかでもっとも厳しい事実を直視しなければならない。これがストックデールの逆説だ。全体的な状況がきわめて厳しいなか、小さな部分で偉大な実績をあげるために、いま、何ができるのだろうか。

以下の80〜82ページに掲げた表に、偉大な組織への飛躍の法則の枠組みという視点から、企業セクターと社会セクターの違いをまとめた。企業セクターの指導者も社会セクターの指導者も、どちらも困難と制約に直面している。だが全体としてみれば、それぞれの有利な点と不利な点がほぼ相殺されているとみられる。偉大な企業は、凡庸な企業との間よりも、社会セクターの偉大な組織との間の方が共通点が多い。社会セクターの偉大な組織についても、凡庸な企業や組織についても、同じことがいえる。ここでも、カギになるのは企業セクターか社会セクターかではない。偉大な組織か良好な組織かなのである。

社会セクターが直面している全体的な状況を軽視するつもりはない。全体的な状況は厳しい。これを改善する努力は不可欠である。それでも確かな事実がある。全体的な状況がいかに厳しくても、ほとんどの分野に偉大な実績をあげている組織や企業がある。航空産業にも、教育制度にも、医療制度にも、社会セクターのベンチャーにも、政府の資金で活動している機関にも、そういう例がある。どの組織や企業も、それぞれ独特の形で、非合理的で厳しい制約を受けながら活動している。だが、そのなかで飛躍を遂げる組織や企業がある一方で、外的な状況の厳しさという点ではほぼ同じでも、偉大さへの飛躍を遂げられない組織や企業が多い。これがおそらく、偉大な組織への飛躍の法則のなかで、もっとも重要な点である。偉大な組織になれるかどうかは、環境によって決まるのではない。偉大な組織への飛躍は大部分、意識的な選択と規律とによるものなのである。

図表 8

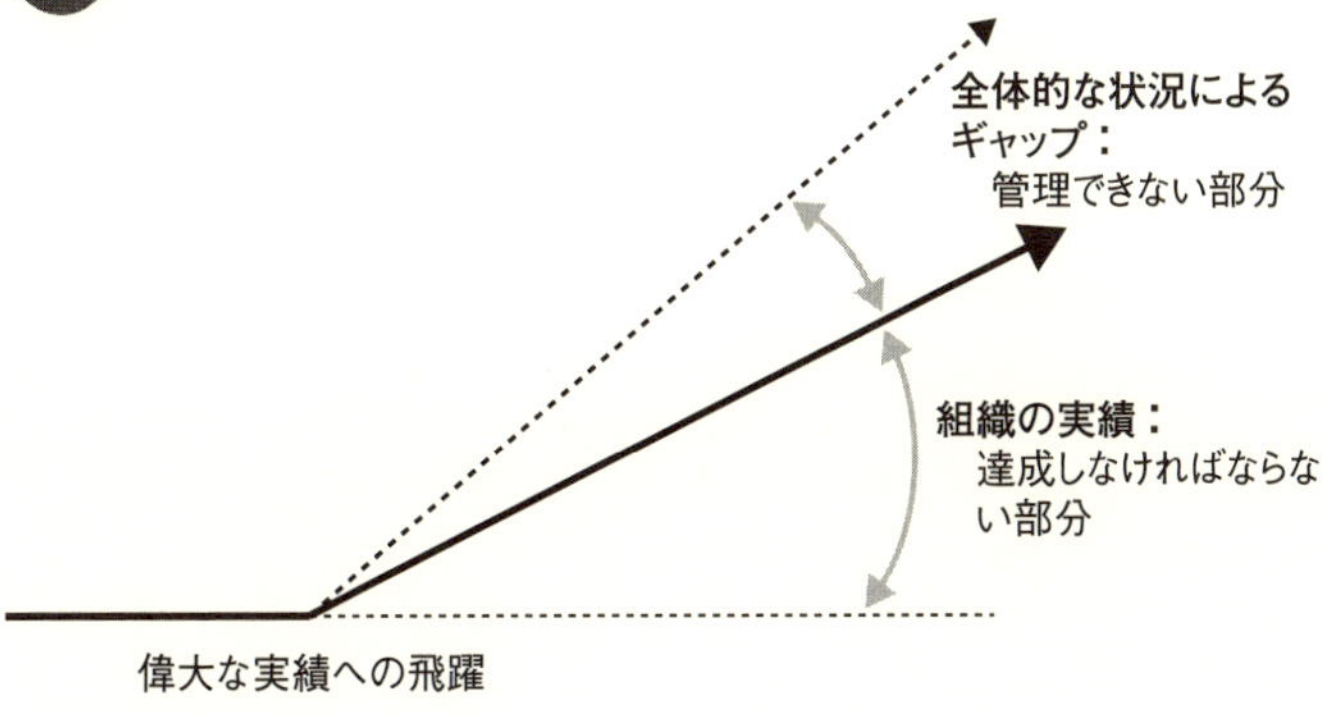

図表 9-1 ● 企業セクターと社会セクター

偉大な組織への飛躍の法則の枠組み
という観点からみた違いの要約

飛躍の法則の概念	企業セクター	社会セクター
「偉大さ」の定義と計測	業績を示すものとして一般的に使われる財務指標がある。金銭はインプット（成功のための手段）であると同時に、アウトプット（成功の程度をはかる指標）でもある。	実績を示すものとして、一般的に使われる指標が少ない。金銭はインプットであるだけで、アウトプットではない。財務上の収益によってではなく、組織の使命に照らして実績を評価する。
第五水準のリーダーシップ	統治の構造と上下関係が比較的明確である。権限が集中し、明確になっている。リーダーシップを発揮する代わりに、力を行使できる場合が多い。	統治の仕組みが複雑で曖昧な場合が多い。権限が分散していて、あまり明確になっていない。リーダーシップを発揮しているといえるのが、指導に従っている人たちに従わない自由があるときだけだとするなら、真のリーダーシップを発揮している場合が多い。
最初に人を選ぶ―適切な人をバスに乗せる	金銭を超える目的のために、人びとの理想主義的な情熱を引き出し、使命感をもって創造力を発揮するように導くのがむずかしい。人材を引きつけ、維持するのに使える資源が十分にあることが多い。業績が悪い人をバスから降ろすのが容易である。	きわめて大きな利点がある。崇高な仕事、金銭を超える意味を求める人たちの理想主義的な情熱を引き出しやすい点である。しかし、人材を獲得し維持するのに使える資源が不足していることが多い。終身身分保証制度やボランティアの仕組みのために、不適切な人をバスから降ろすのが困難な場合がある。

図表 9-2

飛躍の法則の概念	企業セクター	社会セクター
厳しい現実を直視する —ストックデールの逆説	市場の競争圧力によって、経営に失敗した企業は厳しい現実に直面せざるをえない。資本主義の制度が基本的に機能しており、最高の業績をあげた企業が最後にはかならず勝つとの確信がある。	「思いやり」の文化によって、厳しい現実を率直に認めるのが妨げられることが多い。全体的な状況という制約によって、最後にはかならず勝つとの確信がもてなくなることがある。「全体的な状況を改善しなければ、偉大な組織にはなれない」と考える。
針鼠の概念 —三つの円が重なる部分を正しく理解する	経済的原動力が利益生成の仕組みに直接に結びついている。利益を得られる価格で販売できる製品とサービスだけを社会に提供すればいい。どの企業でも、基本的な経済的原動力は変わらない。それは投下資本利益率であり、その基礎にある利益指標、「X当たり利益」に結びついている。	社会と人びとの必要を満たし、利益を得られる価格では販売できないものを提供することに存在意義がある。針鼠の概念のうち第三の円は、経済的原動力から資源の原動力に変わり、時間、資金、ブランドで構成される。社会セクターには経済的原動力に大きな違いがあり、すべての組織に共通する単一の経済指標はない。
規律の文化	利益生成の仕組みを根拠に、針鼠の概念から外れることに「ノー」といい、そうした事業を止めることができる。反面、成長を求める圧力、経営陣の貪欲、短期的な業績を高めるよう求める圧力によって、規律に欠ける行動にながれうる。	社会に役立つ活動を行いたいという気持ちと、寄付や資金の提供者の個人的な希望によって、規律に欠ける決定を下しかねない。反面、成長のために成長を求める圧力があまりなく、幹部の貪欲という問題もあまりないので、これらによって規律に欠ける行動にながれる危険は少ない。

図表 9-3

飛躍の法則の概念	企業セクター	社会セクター
弾み車を回し、悪循環を避ける	効率的な資本市場が利益生成の仕組みに結びついている。好業績をあげれば資本資源を引きつけ、その結果、さらに業績が向上し、その結果、資源が生み出され、さらに業績が向上する。こうして弾み車の回転が速くなる。	最高の実績をあげた組織に資源を組織的に配分する効率的な資本市場がない。それでも、成功を収めてブランドを築いた組織は弾み車効果を強められる。人は成功している動きを支えたいと望む。
時を告げるのではなく、時計をつくる	利益追求の経済的原動力によって、ひとりの指導者やひとつの資金源を超えて持続する組織をつくることが可能になる。	支援者は個別のプログラムやカリスマ的指導者に資金を提供して、「時を告げる」動きを優遇することが多く、持続する組織を築くための寄付には消極的である。
基本理念を維持し、進歩を促す	競争圧力のために変化と進歩が促されるが、基本的価値観の維持がむずかしくなっている。簡単に算出できる財務指標とトレンド・ラインによって成功の度合いを評価し、進歩を促すのが容易である。	使命と基本的価値観に対する情熱は大きな利点だが、同時に、伝統や大切な慣行を変えるのをむずかしくする要因でもある。成功の度合いを評価し、進歩を促すのに使える簡単な指標が少ない。

良好な組織から偉大な組織への飛躍の法則
——枠組みの要約

調査によって明らかになった法則では、偉大な組織を築く動きには四つの基本的な段階があり、それぞれの段階に二つの基本的な法則がある。*

第一段階　規律ある人材

第五水準のリーダーシップ

第五水準の指導者は野心を何よりも組織と活動に向けており、自分自身には向けていない。そして、この野心を達成するために必要なことは何でも行うという強烈な意思をもっている。個人としての謙虚さと職業人としての意思の強さという矛盾した性格をあわせもつ。

最初に人を選び、その後に目標を選ぶ

偉大な組織を築いた指導者は適切な人をバスに乗せ、不適切な人をバスから降ろし、適切な人を主要な席につけ、その後に、バスの行き先を決めている。「だれを選ぶか」をまず決めて、その後に「何をすべきか」を決める。

第二段階　規律ある考え

厳しい現実を直視する──ストックデールの逆説

どれほどの困難にぶつかっても、最後にはかならず勝つという確信を失わない。それと同時に、それがどんなものであれ、自分がおかれている現実のなかでもっとも厳しい事実を直視する規律をもつ。

針鼠の概念

偉大な組織は、単純で一貫した概念（針鼠の概念）に一致する優れた決定をい

くつも下していくことで築かれる。針鼠の概念は三つの円の重なる部分に関する理解を反映した実践的なモデルである。三つの円は、世界一になれる部分、情熱をもって取り組めるもの、最高の経済的原動力、または最高の資源の原動力になるものである。

第三段階 規律ある行動

規律の文化

規律ある考えができ、規律ある行動をとる規律ある人材が各人の責任の範囲内で自由に行動することが、偉大な組織を築く規律ある文化のカギである。規律ある文化では、人びとは仕事を与えられるのではなく、責任を与えられる。

弾み車

偉大な組織を築くとき、決定的な行動や壮大な計画、画期的なイノベーション、たったひとつの大きな幸運、魔法の瞬間といったものがあるわけではない。偉大な組織への飛躍は、巨大で重い弾み車をひとつの方向に押しつづけ、回転数を増やし勢いをつけていき、やがて突破の段階に入ってもさらに押しつづけるようなものだ。

第四段階　偉大さが永続する組織をつくる

時を告げるのではなく、時計をつくる

ほんとうに偉大な組織は、何世代にもわたる指導者のもとで繁栄を続けていくのであり、ひとりの偉大な指導者、ひとつの偉大なアイデアやプログラムを中心に作られる組織とはまったく違っている。偉大な組織の指導者は進歩を促す仕組みを作っており、カリスマ的な個性に頼って物事を進めようとはしない。逆に、カリスマとは正反対の性格である場合が多い。

基本理念を維持し、進歩を促す

永続する偉大な組織は、基本的な部分で二面性をもっている。一方では、時代を超える基本的価値観と基本的な存在理由をもち、この基本理念は長期にわたって変わらない。他方では、変化と進歩をつねに求めており、創造性を発揮したいという強い欲求がときにＢＨＡＧ（組織の命運を賭けた大胆な目標）の形であらわれてくる。偉大な組織は、基本的価値観（組織にとって不変の主義）と戦略や慣行（世界の変化に適応して絶えず変えていくもの）をはっきりと区別している。

＊第一段階から第三段階までの原則は、ジム・コリンズ著『ビジョナリー カンパニー2──飛躍の法則』のための調査による。第四段階の原則は、ジム・コリンズ、マイケル・ポラス著『ビジョナリー カンパニー──時代を超える生存の法則』のための調査による。

図表10

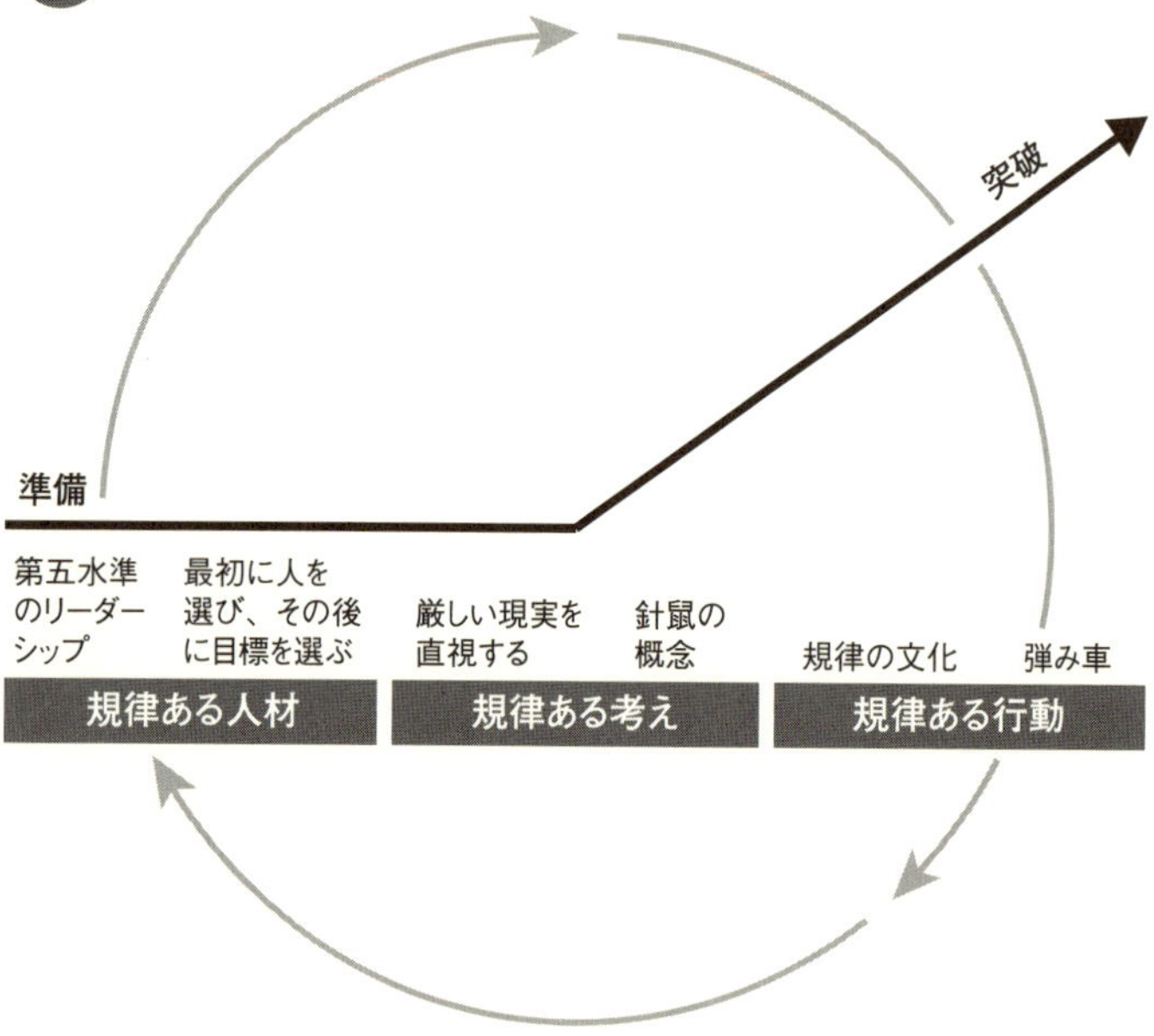
突破
準備
第五水準のリーダーシップ
最初に人を選び、その後に目標を選ぶ
厳しい現実を直視する
針鼠の概念
規律の文化
弾み車
規律ある人材
規律ある考え
規律ある行動

注

（1）Andrews, William J. and William J. Bratton, "What We've Learned About Policing," City Journal, Spring 1999,

（2）Pooler, Eric, "One Good Apple," Time, January 15, 1996.

（3）Tapellini, Donna, "Catalyst: William Bratton on Fighting Crime," CIO Insight, June 1, 2001.

（4）データはアメリカ教育省高等教育局による。ウェブ・サイトの正式タイトルはThe OPE Equity in Athletics Disclosure Website; see http://ope.ed.gov/athletics.

（5）著者によるトム・モリスのインタビュー。

（6）Helgesen, Sally, "The Pyramid and the Web," New York Times, May 27, 1990, F13.

（7）著者がHesselbein on Leadership,（San Francisco: Jossey-Bass Publishers）, 2002 の序文を執筆するために行ったヘッセルバインのインタビュー。

（8）James MaeGregor Burns, Leadership,（New York: Harper & Row, 1978）, pp 9-28.

（9）著者によるロジャー・ブルッグズのインタビュー。

（10）マイケル・ブラウンの著者宛てメール。

（11）ウェンディ・コップの著者宛てメール。

（12）著者によるジョン・モーガンのインタビュー

（13）ガールスカウト・クッキー®事業は地域のガールスカウト支部が行っており、全米組織に適用されるIRSフォーム990の対象になっていない。

（14）ドルー・バスカレノの著者宛てメール。

（15）Harvard University Gazette, September 15, 2004によれば、「ハーバード大学の基金は2004年6月期の運用利回りが21.1％になり、基金の総額は226億ドルに達した」

（16）トム・モリスの著者宛てメール。

（17）Birger, Jon, "30-Year Super Stocks," Money Magazine, October 9, 2002.

■著者紹介

ジム・コリンズ（Jim Collins）

世界的なベストセラーになった『ビジョナリー・カンパニー』（ジェリー・ポラスとの共著）、アメリカだけで二百万部を超える大ベストセラーになった『ビジョナリー・カンパニー2　飛躍の法則』、『ビジョナリー・カンパニー3　衰退の五段階』の著書がある。あくなき好奇心を原動力に、スタンフォード大学ビジネス・スクールで研究者、教育者としてのキャリアを開始し、一九八八年には優れた教授として学内表彰を受けた。一九九六年に出身地のコロラド州ボールダーに戻り、経営研究所を設立して研究を行うとともに、企業セクター、社会セクターの指導者に助言するコンサルタントとして活躍している。

ジム・コリンズとその仕事については、同氏が主催する教育サイトwww.jimcollins.comでさまざまな論文、記事、オーディオ・クリップ、推奨文献リスト、議論の手引きやツールなどを入手できる。このサイトは学生が学び研究する場として設計されている。

■訳者紹介

山岡洋一（やまおか・よういち）

翻訳家。一九四九年生まれ。主な訳書にスミス『国富論』、ケインズ『説得論集』（以上日本経済新聞出版社）『ビジョナリー・カンパニー』『ビジョナリー・カンパニー2　飛躍の法則』『ビジョナリー・カンパニー3　衰退の五段階』『バブルの歴史』（以上日経BP社）など。著書に『翻訳とは何か』（日外アソシエーツ）、『英単語のあぶない常識』（ちくま新書）がある。二〇一一年八月逝去。

ビジョナリー・カンパニー［特別編］

発行日●二〇〇六年　六月二六日　第一刷発行
二〇二三年　一〇月二四日　第七刷発行

著者●ジム・コリンズ
訳者●山岡洋一
発行者●村上広樹
発行所●日経ＢＰ社
発売所●日経ＢＰマーケティング
郵便番号　一〇五－八三〇八
東京都港区虎ノ門四－三－一二
https://bookplus.nikkei.com

装丁●安彦勝博
本文デザイン●内田隆史
製作●クニメディア株式会社
印刷・製本●図書印刷株式会社

ISBN 978-4-8222-4524-5

本書に関するお問い合わせ、ご連絡は左記にて承ります。
https://nkbp.jp/booksQA

ビジョナリー カンパニー

ジム・コリンズ、ジェリー・ポラス著／山岡洋一訳
定価（本体一九四二円＋税）
ISBN 4-8227-4031-5

「時代を超え、際立った存在であり続ける企業」の源泉を解き明かした世界のミリオンセラー。時の試練に耐え変わることのない「基本理念」こそ最も必要なものであると説く。

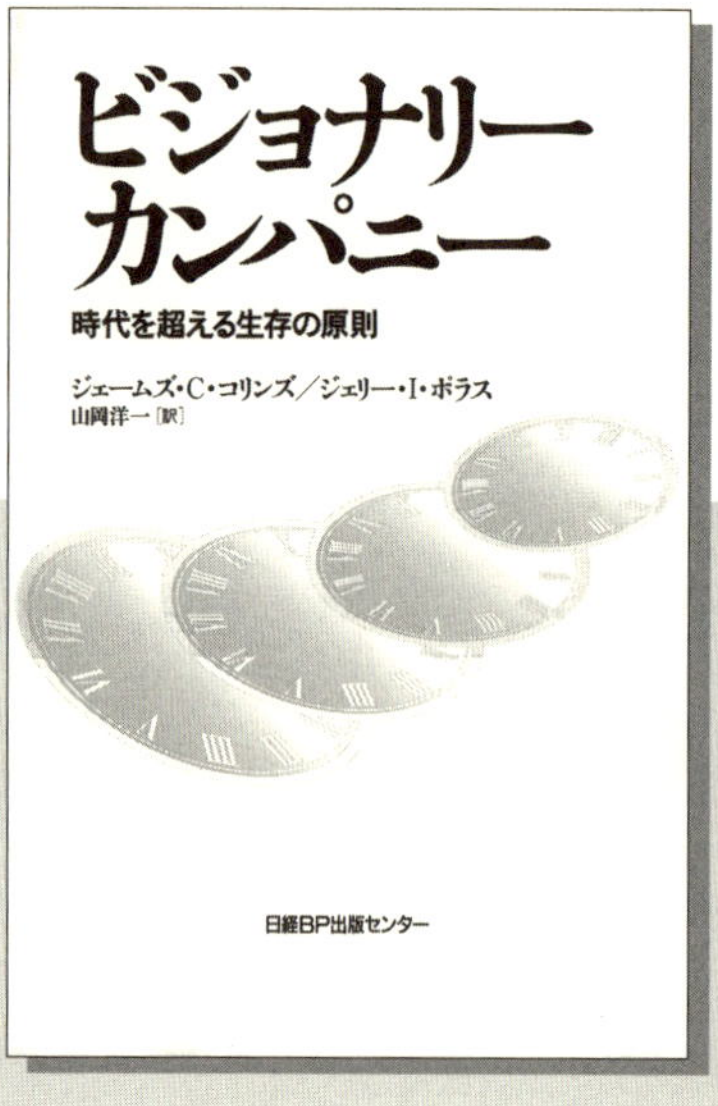